気で攻め切る技で打ち切る

面

剣道範士九段 楢崎正彦

剣道時代編集部編

発刊にあたって

楢﨑正彦範士の面は「楢﨑の面」と称され、剣士たちの憧れであり、尊敬の念も込めてそう呼ばれていました。人生観、剣道観が凝縮された面ゆえにひとびとの心を打ったのです。その面が生まれたひとつの要因は戦後、26歳で収監されて約10年に及ぶ巣鴨プリズンでの獄中生活が大きい。生死の岐路で培った強靭な精神で〝生ききる〟という気持ちを失いませんでした。つまり極限な状況にあっても武士道をつらぬいたのです。

編集子は、剣道の理念である〝人間形成〟に精進して日本人らしい日本人として生ききった剣道人がいたことを知ってもらい、後世へも伝えていきたいという思いで発刊した次第です。

本書の内容は月刊誌『剣道時代』で掲載された記事が中心になっており、ご子息楢﨑亘氏より資料をご提供いただき、さらに邑心第25号の「追悼楢﨑正彦先生」を元編集人の関根茂世氏、「武蔵会楢﨑正彦先生の言語録」（まとめ・水野仁範士）は武蔵会にそれぞれ掲載のご承諾をいただくことができました。心より感謝を申し上げる次第です。さらに埼玉県剣道連盟、松山地区剣道連盟、解脱錬心館、流通経済大学剣道部ＯＢ会制作の「楢﨑正彦先生を偲んで」からは遺作の歌を掲載させていただきました。厚く御礼申し上げます。こうして関係者皆様方のご協力ご支援をいただけたのも楢﨑範士のご人徳ゆえによるものだと思っております。

あきらめず明らかに真理を究める、継続する、生ききるという楢﨑範士の人生と剣道修行の過程を読んで人間学、剣道学について学ぶことが各自きっとあるはず。ほんものの剣道を求めて行こうという剣士が一人でも多く現われることを願うものです。なお、一冊の本にまとめるにあたり、読者の便宜を図って一部小見出しの変更と文章の加筆・修正を施しました。

令和四年十一月吉日

剣道時代編集部

目次

第六章　武蔵会に於ける楢﨑正彦先生の言語録を読み説く

水野仁範士によって平成3年から10年の7年間、楢﨑範士が武蔵会で指導されたときの言語録の抜粋。楢﨑範士の講話が簡潔に理解しやすく要点がまとめられている

楢崎範士の解説による「誌上再現 現代名勝負」の取材とまとめを担当した石井孝春氏が、範士の最晩年に接し、ある時は酒を酌み交わし、健康ランドの銭湯にも一緒に入るなど親しく交流を深めた。その交流での範士にまつわるエピソードのいくつかを綴った追悼文。改めて範士のやさしい人柄が偲ばれるのであった

第一章　楢崎の面

「楢崎の面」。これは知る人ぞ知る剣道人が模範とすべき面である。気で攻めて攻めて、そして攻めきったところ、最後にこの面が炸裂。剣道の打突の中では、気攻めで攻めきってからの面と突きが最も難しいとされている。

わかっていながら打たれてしまう。この楢崎範士の面には誰彼なしにかぶとを脱がされているのだ。

一般の剣道家の中には、この面を学びたいという希望が多い。しかし、一人の名剣士が生涯をかけて築き、かつ磨き上げたその剣士だけがもつ秘剣を誌上で紹介させてもらいたいというのはなんとも厚かましい話である。が、今回、我々編集部の意向が受け入れられ、ここに楢崎範士の面を読者の前に公開していただくことになった。

禅語に「露堂々」と云う言葉がある。この公案を故範士十段斎村五郎先生が好んで人々に教えられた。先生の書かれた「露堂々 剣士五郎書」とした額や掛軸を宝物にしている人がかなりいる。

この禅語が教える意味は、〝生死の関頭に立っても微動だにせず、威風堂々たれ〟だそうである。斎村先生は剣道の悟達の境地をこの禅語に託して門下生に説かれたものであろう。

取材・構成／剣道時代編集部

一

生きた禅
日常生活でも胆力養成に努める

「剣と禅」。このことについては、我々にはよく分らない。かつて第一回明治村剣道大会に優勝した楢崎正彦範士（当時教士八段）のその日の試合振りを終始見ておられた〇九段は、「今日の楢崎選手の試合は、まさに生きた禅である」と多くの人の前で話しておられる。〇九段の禅は人の知るところで有名である。

楢崎範士のこの日の決まり技はそのほとんどが面であった。範士はこのような大試合もそうであるが、ふだんの稽古も気で攻めて攻めて最後にあの面を打って決める。

相手はどうかと云うと、これもまた決まったようにして、攻められて惨々に苦しんだ揚句、最後に同じ面を打たれている。これが誰彼なしであって、範士が面に来ることが分っていながら面を打たれてしまう。

剣道の打突の技の中では、気攻めで攻めきってからの面と突きが最も難しいとされている。これを裏づけるかのように昔から「胴打ちに名剣士なし」の俗言がある。

楢崎範士の面は最近になって急に注目を浴びたものではない。少し古い話になるが、八ミリカメラが市販されはじめた頃、故中野八十二範士九段が範士の面を八ミリに収めて大学生の教材にされた。また故高田政信範士八段（元警視庁師範）が後輩に「君達、八段が欲しかったら埼玉の楢﨑の面を盗んで来い」と教えておられる。

また別のある九段は、楢﨑範士が八段審査のときに鮮やかな面を打って合格したものだから範士を渾名して、「面八段」と云って面技を高く評価しておられる。

楢﨑範士は六十三歳であるが実に若々しい。歳を知らない人である。この若さを保つにはやはり日常が大切である。範士はこの年齢の剣道家は凡そやりそうもない早朝のジョギングや車の中や電車の中でさえ、思い付くままに腹式呼吸を繰り返して腹筋を鍛え、胆力養成に努力しておられる。その上、忙しい仕事の余暇を見出して寸暇を惜しんでの稽古である。

範士の日常は後で触れることになるが、一般に体力の衰えがそのまま気力の衰えになる。剣道家は気力が劣ってしまってはもういけない。範士は気力の横溢したところをつい最近もまた、多くの人達に見せてくれた。昨年九月、地元埼玉で行なわれた全日本東西対抗剣道大会の大将戦がそれである。

あの大会でもいつものように攻めて攻めて最後に捨身の面を打って後進に模範を示してくれた。ところが一方ではあの面を、五、六段の面で範士の面ではないと酷評した九段があったとか巷間騒がしいことがあった。果たしてそのような酷評をされた方があったかどうか、その話を他の人も聞いたと云う話は伝わっていない。西軍の雄将（編集部註：中西康範士）を五、六段であそこまで気攻めができるものであろうか。同じ九段でも対照的な評価がある。西軍の応援を兼ねて観戦に来られた西軍地域に住まわれるある九段はあの大将戦について試合の日に次のように語っておられる。

「東西両軍の大将は同門でしかも同期である。こういう場合はやりづらいものだが、東軍大将は良い試合をしてくれた。あの試合は西軍大将のこれからの為にもなる試合だった」

この九段は両軍大将が若い頃から剣縁のある方だと聞いている。

我々はこうまで評価が分れては迷ってしまう。あの試合を見ていた人は先の酷評を一笑に付してしまうが、見ていない人が多いだけに困ったことになった。ただ幸いなことに八方からビデオが撮られている。文明の利器は正しい評価を下す。そしてまた騒がしいことになった……。為にするものか否か。酷評の出所の詮索もまた急である。

「楢﨑の面」を誌上に……誠意をもって接し、ようやく承諾を得る

こうして多くの大先生達が、古くから高く評価をして来られた「楢﨑の面」を一般の剣道家達が学びとりたいのは誰しも希望するところで、その希望は以前から沢山よせられていた。

「誌上で教えてもらいたいと云うものである。この要望はもっともなことだが、編集部ではいろいろと考えなければならなかった。

一人の名剣士が、生涯をかけて築きかつ磨き上げた、その名剣士のみが持つ秘剣を全国の剣道家に

分るように誌上で紹介させてもらいたいとは、これはなんとも厚かましいことである。

剣道には昔から見取り稽古というものがある。先に述べた高田政信範士のように盗めと云われるのがそれである。編集部ではいろいろと検討した。断られるだろう、いやあの人は笑って、見て盗めと云われるだろう、等の論議があった。結論はある時期が過ぎるまで待とう。そのある時期と云うのは範士の地元埼玉県で行なわれる全日本東西対抗剣道大会後ということであった。そこへ降って湧いたのが前記の両極端の評価であるが、これは本誌の企画とは無関係だから企画どおりに楢﨑範士に読者の希望とそのご協力をお願いした。

しかし、やはり範士は固辞され、はじめのうちはとてもとても我々の希望がかなえられそうもなかった。我々も範士は何事も慎重に対処されると聞いていたから簡単には引き退らない。誠意をもって繰り返しお願いしてようやく許しが出た。但し、きびしい条件が付けられた。その条件と云うのは「自分の宣伝になるようなことでなければ…」と云うものだった。この条件は範士と夫人のいつわらざる気持ちであろう。我々もまた申し訳ないことをしたと思った。

古来、名剣士がそうであったように範士もまた人々の話題にされたくない。その心境は繰り返しお願いする間によく分った。悟達の範士には随分と迷惑なことだった。「悟達」読者はこの文字を奇異に感じられるであろうか。しかしこの連載を素直に読んでもらえば不適当な言葉でないことが分ってもらえると思う。

編集部では重い口を開いてもらうことに成功したが、大きな制約もついている。範士の示された条件を真正直に受け止めてしまっては書くところが無くなってしまう。読者の要望と範士の示された条件の狭間で苦心して書くことになった。従って範士が話されたことは日常の生活と、あの面についてと、あの面が生れるまでの諸々のことだけである。ただ有難いことには、範士の先輩から多くの逸話を聞くことが出来た。

壁観に凝住
十年にも及ぶ精神面だけの鍛錬

楢崎範士の剣道の経歴には十年の空白がある。現在六十歳以上の人達には、何等かの形の剣道修行の空白がある。終戦後の混乱期はどんなに剣道が好きであっても出来なかったし、また転職や会社の倒産、あるいは独立して自営などから心ならずも竹刀を握れなかった人もある。範士の空白はそれらのものとは全く違う。範士は二十代半ばから三十代半ばまで壁に向って坐禅をしていたのである。それは所謂、戦犯としての巣鴨生活である。このことは知る人もあるかと思うが、この十年近い獄窓での生活と剣道との因縁をいつか尋ねてみたいと思っていた。

禅宗の始祖・達摩大師は俗言では「面壁九年　達磨大師」と云われているが、範士はそれよりも更に一年も多く修行をした。

楢崎範士の剣道の精神面の熟成は、この十年に及ぶ坐禅によって得られたものであろう。一般には達摩大師は架空の人のように思われているが、実在の人である。六世紀の始めころ印度から中国の梁に来て禅を広めた人である。

以下鈴木大拙先生の著書から引用させてもらうと、達摩は禅に入るについて次のように云っている。即ち二入四行《ににゅうよんぎょう》がそれである。

夫入道多途、要而言之、不出二種。一是理入、二是行入。（それ道に入るには多途なるも、要するにこれを云えば、二種を出でず。一にはこれ理入、二にはこれ行入なり）とある。道に入るべきみちは、たくさんあるが、最も大事なのは二つである。理から入るのと、行から入るのとだ。そして次に理入と行入について述べている。まず理入では、（ここは漢文で長文だから漢文を避けて簡略に・・・）

理入と云うのは経典の教えによって、その玄理を体得することである。そうすると次に述べるようなことが分って来る。

※全てのものに同一の真性が供わっているが、それが妄想と云う汚れた塵によって覆われてしまっている。だからあらわれない。妄想を捨て真性に還って、壁観に凝住すると、自分も他人も、聖者も凡人も等一であることが分って来る。こうして得られる寂然として無為の境地が理入である。（行入については仏教的なことであるから、ここではぶく）

禅学者の間にはここにある「壁観」について各論があるが、我々は剣道人だから達摩大師が千数百年前に説いたそのままを素直に聞いてみると何処かで剣につながりはしないだろうか。

楢崎範士は壁観に凝住して坐禅をすること十年によって、剣道の技（技という言葉は、本来なら使いたくない）を習う前に既に剣道の精神面の成熟を得たものであろう。

◉理入

※理入といふは、いはく、教によって宗を悟り、深く含生同一の異性を信ずれども、ただし客塵妄想のために覆はれて顕了することあたはず。もしまた妄を捨てて真に帰し、壁観に凝住せば、自無く他無く、凡聖等一なり。堅く住して移らず、さらに文教に随はずんば、これすなはち理と冥符して、分別あることなし。寂然として無為なる、これを埋入と名づく。

〈理入というのは、経典の教えによって、その玄理を体得することである。そうすると、こんなことがわかる—すべてのものには同一の真性がそなわっているが、それが妄想（迷）という外来の汚塵におおわれてしまって、あらわれることができないということが、深く信ぜられる。それで妄想を捨てて真性に帰って、壁観に凝住すると、自分というものも他人というものもなく、凡人も聖者も、一等であるということがわかる。この体験に堅住して他へ移るな、文字言句のために迷わされるな。こんなあんばいになってくると、真性の理と冥符するようになって、その間に何らの区界線を入れられなくなる。こうして得られる寂然として無為の境地を、理入と名づけるのである〉

範士と稽古も大試合もした人達の多くは次のように云う。稽古のときも強いとは思うが、大試合になるとそれが更に何倍にもなる。大試合になればなるほど開き直れる人だと。また範士の稽古も、大試合である京都大会やその他の大会の試合も、少しも変わるところがない。これが他の人達と大きく違うところである。仮に段が同じであっても剣歴に甲乙なくても大試合であればある程、精神面に差が出てくる。剣道人は如何にして精神面の熟成が大切であるかを伺い知ることが出来る。

範士はこの十年の修行については多くを語りたがらないが、その生活はどんなものだったのだろうか。それを述べる前に範士がそこに到るまでを書くのが順序だと思う。

楢崎範士は大正十一年七月佐賀県の素封家の七人兄姉の末子として生れた。

昭和十六年春、国士舘専門学校（現大学）に入学。この年の十二月に太平洋戦争が始まる。国士舘では斎村先生をはじめ立派な先生方に指導を受ける。そして良い友人と先輩にめぐり合う。

後年、第一回明治村剣道大会で決勝を争うことになる市川彦太郎範士八段（埼玉）は三期先輩だった。範士と市川彦太郎範士との友情は後に述べることになるが、こうして良師と良友に恵まれたが国士舘の稽古は実に激しいものだった。

範士が生れた佐賀県は小さな県だが古くから名剣士を多く輩出している。この県の人達に共通するものは「武士道は死ぬことと見つけたり」の葉隠武士の精神である。

楢崎範士のように兄や姉があると末子は甘やかされて育つものだが、範士が育った葉隠武士の国は末子だからといって甘やかすことはない。範士もまた不屈の精神をもった少年だった。それが国士舘では更に磨きがかかる。

昭和十六年入学組は不幸だった。卒業を前にして学徒出陣になる。範士もまた全国の学徒と同じく靴音高く戦場へ出て行った。

この時代の青年学徒がみなそうであったように、範士も入隊すると陸軍士官をめざして予備士官学校に入る。ここを出ると今度は陸軍中野学校へ進む範士は士官学校では評論家の藤原弘達氏と、また

▲国士舘専門学校在学時代の楢﨑範士（前列右端）、範士の左隣は一年先輩の森島健男範士

中野学校ではルバング島で三十年も一人で生きて来た小野田寛郎氏と同期だった。範士はこの二人と、今も親交が続いている。小野田氏との交友は後で述べるが陸軍中野学校は特殊任務に就く士官を養成するところとして知られた通り、ここを出た人は諜報活動が専門であった。

陸軍中野学校を出ていったん任務に就き、単身敵地に入った者は任務遂行の為に死に臨んでも名前すら明かすことは出来ない。戦死しても遺族に報せも無ければ靖国神社に祀られることもない。国家のために一切が闇から闇へである。従って戦前は家中心だったから家督を嗣ぐ必要のある長男や次男は中野学校では採らない。そのような性質を持っている中野学校だから当然訓練も厳しい。「絶対に後に退かない」という精神を徹底的にたたき込まれた。範士はここでも頑張って優秀だった。

陸軍中野学校を出た青年士官はそれぞれに任地へ行く。範士は郷里に近い北九州へ、小野田氏は南方戦線へと分かれた。

範士がここへ派遣されたことにより、何年も過ぎないうちに恐しい運命が巡って来るのである。というのは、もし仮に東海軍管区で任務に就いていていたら戦犯にされることはなかったからである。東海軍管区司令官の岡田資中将は取調べに際して、管区での一切の責任を負って誰よりも先に絞首刑を受けて従容として死に就いた。

だが範士が所属した西部軍管区司令官は反対なことをした。すべてを部下の責任にして逃れに逃れた。上官が取調べで責任を逃れれば次々とその責任の所在が下の方に来る。そして最も押しつけ易い若い士官で、しかも中野学校出身者はかっこうの押しつける対象となった。

連合軍もまたそれは都合がよい。彼等が最も恐れ嫌ったのは、飛行機ごと爆弾をかかえて飛び込んで来る特攻隊と中野学校出身者だったからである。

運命は皮肉である。部下の責任を負って自ら刑場に消えんとする岡田中将と範士は同室になる。若い範士はこの典型的な武人と生活を共にすることによって他の人達が学び取ることの出来ないものを身につけた。

範士が問われた罪と云うのは戦場にありがちなことである。先の大戦に臨んだ人は経験した人も多い。戦争と云うものは敵か味方か、死ぬか生きるか、その中に平時では想像も出来ないことが起る。連日連夜の空襲、隣の沖縄には既に敵が大挙して空挺部隊を送りこんで上陸している。目の前には女や子供の非戦闘員の惨めなありさまがある。ここから遠くない自分の郷里でも同じことが行なわれているかも知れない。兄や姉の子が、あるいはあんな目にあっているかも知れない。年老いた父や母はどうしているだろう。範士でなくても敵慨心が燃え上がる。そこへ敵の空挺部隊と覚しき者が降下して来た。

二

連載が始まるや読者の各層から本誌編集部に異常なまでにご意見が沢山寄せられたことをお伝えしておきたい。その内容には二種類があった。一つは楢﨑範士のあの立派な面を酷評した人への不満であった。これは高名な先生方のものが多かった。もう一つは今までにこのような企画がなかったから一般の読者からの期待と激励だった。編集部ではこの異常なまでの反響に応えるべく、当初の企画を少し変えて次の順に話を進めることになった。

まず範士がB級戦犯として死刑の判決を受けて、今日が最後か、明日は絞首台かの日々を送った巣鴨プリズン内でのことについて述べる。ここは外界とは遮断されていたから教誨師という一人の僧侶の口から以外は中の様子も死刑囚の実状も伝わってこない。本誌は範士の日記の中から歴史上の新事実を知った。その隠された新事実と、範士が毎日死を見つめての人間修行とは密接な関係があった。範士の許しを得てこの部分を詳しく述べる。そして次は範士の近年のことと昨今の日常生活について。この日常があったればこそあの素晴らしい面が出ることについてである。終わりに範士のあの独特の気攻めと、その中から生まれる面について述べることにする。

右のことを順を追って詳しく書くと、範士がはじめに示された「宣伝にならなければ……」の範囲を越えてお叱りを受けるかも知れない。

さて話をもとに戻す。

暗転
消し忘れた「楢﨑」の文字が決め手に

中、東部軍管区内の都市はサイパン、テニヤンが陥落してからB29の爆撃を受けた。範士の任地の九州地方はサイパン、テニヤンが陥落する以前から爆撃を受けていた。彼等が飛び発ってくる基地は中国奥地の成都である。はじめの頃は軍事目標だけの爆撃だったが、後には焼夷弾による絨毯爆撃で町々村々が焼きつくされた。西部軍司令部のあった福岡の市街も一朝にして灰燼と帰した。その中に範士と同罪で巣鴨では共に助け合い励まし合い一緒に絞首刑の判決を受けた三人組の一人、冬至堅太郎主計中尉の家もあった。冬至中尉の母親は焼死してしまったのである。

我々日本人と欧米人とでは戦争観ひいては捕虜についての考え方が根本から違うようだ。たった今、自分の手で無差別爆撃をして非戦闘員を大量に焼き殺した連合軍の飛行兵が、友軍に撃たれて墜落すると、忽ち乗機を捨てて落下傘で降下して来て捕虜になる。彼等は捕虜になることを少しも恥とは思わない。

日本人ならかなわないまでも戦って戦死するだろう。ところが彼等は違う。人事を尽くして戦ったのだ。そこで捕虜になったのだから半ば名誉だくらいに考えている。従って捕虜収容所内での態度も行動も日本人のそれとは全く違っていた。

北九州地方は昭和二十年四、五月頃になると徹底的に焼かれた。爆撃の惨状は収容所内でも分かる。そうすると何処から偽りの情報がもたらされたか分からないが、収容所内に「米軍の艦船が博多沖に来て待機しているから収容所を脱走すれば助かる」というデマが飛んで所内は不穏な空気になってきた。それが頂点に達しB29搭乗員数十名による暴動が起ったのが六月である。西部軍指令部としては中央の参謀本部と協議の結果、この暴動事件を鎮圧した。この鎮圧に関係した将校達が後に西部軍の

▲陸軍中野学校入校当時の楢﨑範士（昭和20年1月8日）楢﨑正彦範士提供

戦犯として悲惨な運命を歩かされることになったのである。

楢崎範士もその一人であり、先に述べた東京商大（現一橋大）出身の熱血児冬至堅太郎中尉、旧福岡中学出身の中山博二中尉もその一人だった。中尉は福岡中時代には三角卯三郎先生（範士九段）に習った剣道五段だった。

昭和二十年八月十五日の終戦と共に範士達は直属の上官から命令を受ける。

「連合軍は捕虜収容所の事件を重く見て関係した人達を戦犯として処刑するかも知れない。身を隠せ」というものだった。楢崎範士の運命はこの時点から一挙に暗転することになる。

楢崎範士には国士舘時代から美しい女学生の恋人があった。復員してきて生活が安定したところでその恋人と結婚した。範士と夫人は都内世田谷に新居を構えて範士は都心の会社へ勤め幸せな日々だった。ところが悪運の神々がこの美青年と美しい女性の幸せをねたんだのだろうか、範士と夫人の新婚生活は短かった。僅か六ヶ月で終わりを告げる。

何処から情報を得たか分からないが、管轄違いの丸の内署が範士の新居の家宅捜索を行なった。証拠に残るような物は残していなかったが、残念なことに古いノートにただ一箇所だけ消し忘れた「楢﨑」の二文字があった。この古いノートが決め手になって範士の運命は巣鴨プリズンへと押し流されていく。

悲劇と言えばこれほどの悲劇は他にないだろう。新婚六ヶ月にして生木を裂くようにして二人は引き裂かれてしまった。夫は死地へ、妻は夫を巣鴨プリズンへ送ったその日から若い身空で混乱した世の中を生きてゆかなければならない。そしてやがて来るであろう夫の変わり果てた姿を受け取らなければならないのだ。形容の言葉のない残酷な立場である。

範士が丸の内署から巣鴨へと送られたときの悲劇的な様子の多くを述べる紙幅はないので、範士が所内で夫人のことを想ってうたわれた歌をもってその間の事情を悟って欲しい。

新婚の一日一日をたたみたる
　遠き想いの今よみがえる

そして範士のお母さんが面会のときかあるいは手紙にでも託されたものかは分からないが夫人の嘆きを、

時折りは母に対《むか》いてしみじみと
　名のみの妻の歎き言ふらし

夫人にしてみれば自分の手の届かぬところへ行ってしまった主人に想いをよせて、洗濯もしてあげたい、縫いものもしてあげたい。寒くはないだろうかと心を砕いても、どうすることもできない心のもどかしさを毎日嘆いておられたのである。

そして死刑の判決を受けた日にうたわれたのが、

おもほえぬ死の判決に面伏せて
　泣きゐし妻のおもかげ消えず

この歌は『巣鴨』という歌集に掲載された中の三首である。この歌集は戦争の責任を負わされて不

▲巣鴨（巣鴨短歌會編・第二書房刊）には、楢崎範士の短歌も数多く収録されている

幸な運命にあった方々の歌を集めて昭和二十八年に出版されている。範士の歌はこの中に二十六首ある。この二十六首の他にも胸をしめつけられる歌が沢山残っている。

判決
旧西部軍司令部幹部の責任逃れの犠牲

範士が先に述べたことを経て巣鴨に入所したのは昭和二十二年のことだった。入所してみるとここにも悪神が先回りをしていた。終戦のときに範士達に身を隠すように命じた上官達が先に入所していて、楢崎少尉は中国へ逃亡したから、捕えられて巣鴨へは来ないだろうとそれぞれに偽証をしてあったのだ。即ち旧西部軍司令部幹部は、先に述べた捕虜の暴動とこれの鎮圧についての事件を巧妙な偽証によって自分達の責任逃れをやっていたのである。彼等は取り調べに対して、「あの事件は血気に逸る一部若手将校が米軍に対しての敵愾心から起こしたものだ」として、あたかも前例があった二・二六事件のごとくに供述していた。

範士はこの間の事情を言葉少なに次のように語っておられる。

「中に入ってみると、当時の状況とは全く違ったことになっていた。自分もここに来たからには生死のことを考えてもどうにもならない。名誉のためにも事実を知ってもらいたい。それには是非とも当時の上官に会って対決したい」。だがしかし、担当の検事も弁護士も取り上げてはくれなかった。

そこには隠されたものがあったのだ。ではその隠されたものとは何だったのだろうか。実は検事と弁護士の間に裏取り引きが成立していたのである。その裏取り引きの内容はと言うと、実に恐ろしいことが仕組まれていた。

西部軍関係のB級戦犯は五十余名だった。連合軍の終戦処理の方針の一つに戦争責任者の責任を明確にすることによって日本を悪者に仕立て上げ、戦犯を厳重処罰することがあった。それには西部軍だけでも十名くらいの死刑が必要だったのである。

範士は入所して取り調べ中にこの恐ろしい裏取り引きを知った。範士達若い将校には裁判の判決がでる前に、判決に近いものが伝えられていた。これを教えたのは検事でも裁判官でもない。日本人の担当弁護士だった。

裁判は検事が論告して求刑し、弁護士は被告を弁護することになっている。弁護士が検事と裏で取り引きをするなどは許せないことである。このようなことだからB級戦犯の裁判はきわめて形式的なものだった。そのよい証拠に言葉がよく通じ合う日本人の弁護士は四人の被告にたった一人しかつけさせない。これでは単なる連絡要員くらいの仕事しかできない。

その他に各被告に外人の弁護士が一人つくだけだった。その外人弁護士が秘密会議において、裏取り引きをしていたのである。これは関係者の間にいわれるところの検事、弁護士の交換条件であった。これではいかに日本人弁護士が活躍しても結果の方が先にでている。勝てば官軍とはまさにこのことだろう。

こうした形式的な裁判ではあるが、土・日曜を除いて毎日、朝九時から午後四時まで法廷が開かれ四ヶ月に及んだ。この間に法廷では西部軍幹部は軍人にあるまじき、みにくい証言を繰り返した。このときの様子を大岡昇平氏はその著書『ながい旅』の中に「西部軍幹部は無罪を叫び続けた」と書いている。ついでながら『ながい旅』の主人公は楢崎範士と同室だった東海軍管区司令長官岡田資中将である。

西部軍関係の裁判は横浜で行なわれた。表面上は裁判の形をしているが、その実情は異常ずくめだった。四ヶ月後の昭和二十三年十二月二十九日に判決があった。範士が入所してからちょうど一年三ヶ月後である。年配者は記憶されておられるかも知れないが、範士達の判決があった六日前の十二月二十三日には、東條、広田両首相以下A級戦犯七名の死刑が執行されている。実に暗い年末であった。

B級戦犯の西部軍関係では司令官以下九名が絞首刑と決まった。その中には冬至堅太郎主計中尉、中山中尉、一番年の若い楢崎少尉も入っていた。これが楢崎範士二十六才のときである。範士はこの若さで将官並みの判決を受けた。これらの犠牲者は戦勝国が名分を整えて終戦処理をするために必要だったのである。

仲間の人達からは楢崎範士には極刑はないだろうとの予測はあったが、結果は最も重いことになってしまった。そうなるには悪い条件がそろっていた。陸軍中野学校出身もそのひとつである。また範士は覚悟しているから卑屈なところを見せない。この点も裁判関係者には軍国主義の権化に見えて不愉快になる。その上に収容が遅かったから先に入所していた上官たちによって作り上げられた不利な証拠が沢山あった。

どの国の軍隊も上官の命令には絶対に服従しなければならない。旧陸軍では命令に従わない部下が抗命罪として軍法会議を経て処罰される。いやそれだけではない。戦時では直属の中隊長以上の上官は部下の生殺与奪の権限さえ与えられていた。範士と中山中尉は明らかに命令を受けていたから命令は拒めない。

だが冬至主計中尉の場合は違っていた。前日に母親が焼死したことはすでに述べた通りだが、町は焼かれてしまっていたので母を入れる棺がない。そこで冬至主計中尉は部下と板切れで母親の棺を作っていた。そこへ捕虜の事件が起った。熱血児冬至中尉は親の仇とばかりに飛び出して行ったのである。

楢崎範士の場合は悪神にとりつかれたような不運である。出動命令が出たが範士ともう一人は隊から出発するトラックが一杯で乗れなかった。命令であるからトラックに乗れなくても行かなくてはならない。二人は急いで歩いていた。そこへ同じく出動する隣の隊のトラックが通って二人を乗せてくれた。ここが範士の運命の岐路だった。

A級戦犯のように一国を動かして戦争にまきこみ国民を悲惨な目に遭わせた人達の戦争責任は致し方ないであろう。しかし、若い士官達にどれだけの責任があるだろうか。しかも範士は上官の命令を受けていたのである。判決は冷酷だった。命令者も実行者も同罪で一蓮托生の運命となった。

巣鴨プリズン第五棟
木曜夜九時に呼び出された者は再び戻らない

判決があったその場から死刑囚は今までの仲間から隔離されて、帰りはもちろん別のバスに乗せられる。範士達は巣鴨プリズン内の第五棟に移された。九人は五棟二階の入り口で素っぱだかにされて厳重な身体検査を受ける。看守側は自殺されるのを恐れて自殺するような物を持っていないかを調べたのである。はだかのまま房に入れられてそこで衣類の支給を受ける。

範士達はここに入れられたということはもう墓場の一歩手前なのだ。裁く側にどんなジンクスがあるか分からないが、死刑の執行は午前一時頃に行なわれる。それが祝祭日か金曜と決まっていた。ここに入って木曜の夜九時に呼び出された人はもう再び帰って来ない。木曜の九時に看守の足音がしたら誰かが犠牲になるのだ。呼ばれた人は改めて遺書を書き直す。それから私物をまとめる。これは家族に届くか届かないかは分からないが遺品になればと、キチンと整理をする。そして出て行くのだった。五棟を出た人は別室で死刑同意の書類にサインさせられる。それが済むと食事が出る。ブドー酒もつくというが、これが今生の最後の食事になる。範士にもいよいよその日が遠からず巡ってくる。

ほの暗き五棟の奥の独房に
　鋼鉄《はがね》の扉我れを閉せり

範士が五棟に移されると、すでに四十余名の人達がいた。（他の文献によると、新入り九名を入れて八十八名とある）この人達もいずれが先かは分からないが同じ運命を歩く人達である。範士が五棟で木曜の夜に友人を送った歌に、
とほり魔にひかかるる如く今宵また

奥の房より一人死につく

今生の別れ告げゆく君が手に

最後《つい》の煙草の火はあかかりき

死ににゆく友の一声お先にと

夜更《よふ》けの廊に聞きとめにけり

今日は奥の房の人だった。次の週は誰だろう。あるいは自分の番かも知れない。友人を送った夜は長い夜となる。たった今、「お先に」と別れの挨拶をして行った人の声がいつまでも耳の底に残っている。刑場へ引かれて行った友人の冥福を祈って粛然として眠りに就ける人はいない。あちこちに咳払いが聞こえる。

こんなときの歌だろう。

しんしんと更けまさりゆく夜の床に

地軸のどよみ聞ゆるが如し

五棟の人達は眠れないままの夜が明ける。あぁ、また一週間生き延びられる。一日一日が尊い。そしてまた木曜の夜が巡って来るのである。時計は六時になり七時が過ぎた。こんなときの一分は娑婆

にいたときの一時間にも一日にも相当する長さだ。死に直面している人達の神経は敏感だ。看守の足音がしてきた。それぞれに口では覚悟をしているとはいうものの木曜の夜を迎えて死を恐れない人はいない。目を閉じて坐り直す。瞼の裏に妻子の顔が浮かぶ。可愛がってくれた両親の顔も思い出す。自分が刑死したと聞いたら嘆くだろう。あれを思い、これを思いしていると、生への執着は自分のおかれた運命を嘆き、命令を出した上官を怨む。こうして来る日も来る日も煩悩にさいなまれる。いつ終わるともない精神的な圧迫に耐えかねて、狂人が三人も出てしまった。

三人の狂者かたみに足投げて
　眠れぬ夜を雨降りしぶく

また、精神的苦痛に耐えかねてだろうか、あるいは人の偽証を怨んでか、自ら死を求めて自殺してしまった人がいる。房内には自殺に手を貸すようなものは置いてないはずだったが、人間智恵を働かせれば死ぬ途はいくらでもある。差し入れられた下着の糸を解きほどいて、これをより合わせ縄にして、これの端を水道のコックに引っ掛けて喉を締めて死んでしまった人もあった。看守する側はそれ以来一人房はやめにして二人ずつとした。お互いが監視しあえるように工夫をこらしたのである。

人間修行

巣鴨の父岡田資中将と同室になり光明を見いだす

範士ははじめ冬至堅太郎中尉と一緒だったが、後には岡田資中将と同室になる。岡田中将はB級戦犯の人達に巣鴨の父と言われて尊敬されていた人だった。

範士と冬至、中山の三氏は判決のあった夜、許しを得て岡田中将を訪ねる。打ちひしがれた三人の青年に向かって中将は、「人生とは何か」から説いて「君達は諦めてはいけない！諦めてはいけない！これからあきらかに真相を究《きわ》めるのだ。まだ、残された再審という途がある。それには体も精神も健全でなくてはならない。ここに居る（五棟を指す）人達は口では俺は諦めたと云ってごろごろしているが、あれは本当に諦めてはいないのだ」と諭されている。若い三人組は許される度に岡田中将を訪ねて教えを受けた。

この人は若い頃に（二十一才）日蓮宗の一小宗派に入って修行した人である。岡田資中将は前述したように元東海軍管区司令官であり、部下の責任を一身に負った人である。運命の歯車はなんと皮肉なまわり方をするものだろう。弱冠二十余才の楢崎少尉は上官の命令で捕虜の鎮圧に加わって死刑の判決を受ける。しかも命令を出した上官は偽証をしてまで無罪を主張する。岡田中将は範士の上官とは全く別な状況から部下をかばって責任を負う。そしてその二人が明日をも知れぬ日々を一つの部屋において暮らすのである。

楢崎範士にとって、現代の哲人ともいうべき岡田中将に逢えたことは幸せだった。範士は岡田中将について次のように話しておられる。「いつも天を仰いで堂々とした日常だった……」と。岡田中将に関しては大岡昇平氏の著書『ながい旅』に詳しい。また笹川良一氏もその著書の中で賞賛の言葉を多く残している。

若い三人組は岡田中将に教えられ房内での人間修行が始まるのだった。もともとは独房だから板の間を入れてやっと三帖くらいの広さしかない。そこで二人が生活するのである。死刑の執行は必ずしも裁判の順番と同じではなかった。いつ誰に執行があるか分からない。そんな切迫した毎日である。範士の話では初めの頃は自分も不運を嘆いたり、人を怨んだりした。坐っていても迷い悩むときは、刀の刃が坐っている足の下から自分に刺さってくるようだった。又、あるときは壁に頭をぶつけた日もあるという。宿命とは言いながら僅か二十余才の青年がそう簡単に心の整理ができるわけがない。

こんなときの歌だろう。

処刑場《しおきば》につづく寒夜の石廊を
　　ひかるる思い我をよぎりぬ

そして会うことのできない夫人を想っては、

現身《うつしみ》の恋をとげつつ幸いし
　　妻を思えば死なれざりけり

後年の豪快な捨身の面を打った人も人の子である。悩み、苦しみは果てしなく続く。範士はこの悩みと苦しみの中から脱け出そうと毎日毎日坐禅に精を出したと言われる。日がな一日坐りっ放しでは体が弱ってしまう。あいだに体操をする、日記を書く、歌を詠む。死刑囚には一日一回約十五分の屋外の散歩がある。同じ十五分の散歩も悩み苦しんでいたときの散歩と、心の落ち着きを取り戻しつつあるときの散歩では違っていた。夫人からの手紙を読む心もだんだんと変わってくる。夫人は一回に書ける文字の数がたった百五十字しか許されていない。苦心して書かれた文字を眺めては、心の落ち着きを取り戻す。そうして又坐禅に入る。自分の死を前にして落ち着いた日常になると、気づかぬままに坐禅をしていたなどという日常になってくる。そうした範士の人間的成長を逸早く見つけたのが冬至堅太郎氏だった。

冬至氏は先に述べたように命令されないまま捕虜鎮圧に加わった人だ。再審があっても所詮助からないと覚悟していた。範士より八才年上の冬至氏は、弟のような範士に遺訓に近い長文のものを残している。その内容を要約すれば、範士は再審によって助かってもらいたい、もし生き延びたならとして、人生観、処世観が切々と述べられている。この文はどんな高僧の説教より立派なものだ。三十余才の人がよくこれまでのものを書けたと感心させられる。やはり死というものが目の前に来ていたからであろう。

冬至氏の長文の中で特に印象的な箇所は、「自分は再審があったとしても助からない。ここに書いた文は、自分に残された僅かの人生の最高の使い途だと思う。君に書いた此の文の後に自分の二人の子にも書くが、自分は明日をも知れない身である。もしも子供に書くのが間に合わなかったなら君に贈ったこの文を、子供達が二十才になったら読んで聞かせてもらいたい」というところだ。

一橋大学出の秀才が死を前にして書かれた文は読む人をして自然に目頭を熱くする。冬至氏は自分の子に遺訓を書く前に弟とも思っていた範士に書いていた。冬至氏は楢崎範士の人間的成長を目の当たりに見て、範士に託すことがそのまま我が子に伝わることを期待されたのであろう。

冬至氏の人間性を物語るもう一つの側面がある。公判では冬至氏が捕虜の暴動で四人を倒したことになっている。ところが範士の話では冬至氏が倒したのは二人であると言われる。公判では被告達はそれぞれに自分が倒した人数を言うが二人分の数が合わない。冬至氏は「当局がこの二人分を捜せばまた誰かが犠牲になる。俺はどうせ助からないんだから二人も四人も同じだ」と人の罪まで背負ったのである。一方には偽証してまで若い犠牲者を出すことに良心の呵責を感じない司令官がある。あまりにも対照的なことだった。

冬至氏については先に書いた『ながい旅』にも上坂冬子著の『巣鴨プリズン十三号鉄扉』にも多く登場してくる。

楢崎範士は巣鴨の父と言われた岡田中将と冬至、中山という親友を得て精神的な熟成がなされてゆく。その様子を物語ってくれる資料に死刑囚として初めて迎えた桜の頃に書かれた「桜と柳」と題した長文がある。この文の要所の紹介とこれを書く二ヶ月前の二月十日、午後から深夜にかけて起こった刑死寸前の心境を味わわせられた事件については後述したい。

ここで後年の楢崎範士らしい佳話を一つ紹介する。判決のあった日に五棟二階の入り口で素っぱだかにされて身体検査を受けた様子はすでに述べた通りだが、このとき範士ははだかのまま自分の室へ案内されると、五棟全部に響き渡るような大声で、「今日からお世話になります」と言って入って行ったという。八十八名の死刑囚達は驚いた。えらく元気のよい若者が入って来た。この調子では外は再審がうまくいっているのかも知れない、と五棟全体が明るくなって生への期待を持ったという。現実にはその後も多くの刑死者がでているのだが、たった今、死刑の判決を受けて打ちしおれた人達の中にあって大声を出して挨拶をする。後年のあの豪快な捨て身の面の片鱗が窺われる話である。

三

これまで範士が巣鴨プリズンに至る経緯は既に述べてきたが、次からは剣道に直接結びつくと思われるところへ筆を向けたい。

我々剣道家が範士のあの豪快な捨て身の面とあの面を打つときの集中力、そして強烈な気攻めを識ろうとするには、範士が二年余りの間、死刑囚として迫り来る死と対峙しておられた真剣そのものの生活が最も良い参考になる。

巣鴨プリズンはもう大方の人達に忘れられつつある。が、あの五棟での一日をも我々剣道家の中には経験した人はいない。またこれからも経験する人は出ないであろう。編集部は範士が獄中で経験された心境を聞き出したいためにいろと手を尽くして探った。

獄中記
便箋にびっしりと書かれた文字は命の叫び

その過程の中である親しい先輩から範士が毎日死を感じながら書かれた日記のあることを聞いた。門外不出であり、他の人達は誰一人として見たことのない物が楢崎家の奥深く収められていることが分った。編集部ではその日記を見せて欲しいと懇願した。範士は「今更触れてもらいたくない」と云って口をつぐんでしまわれた。そこをさらに厚かましく「今の剣道家にも後世の剣道家のためにもな

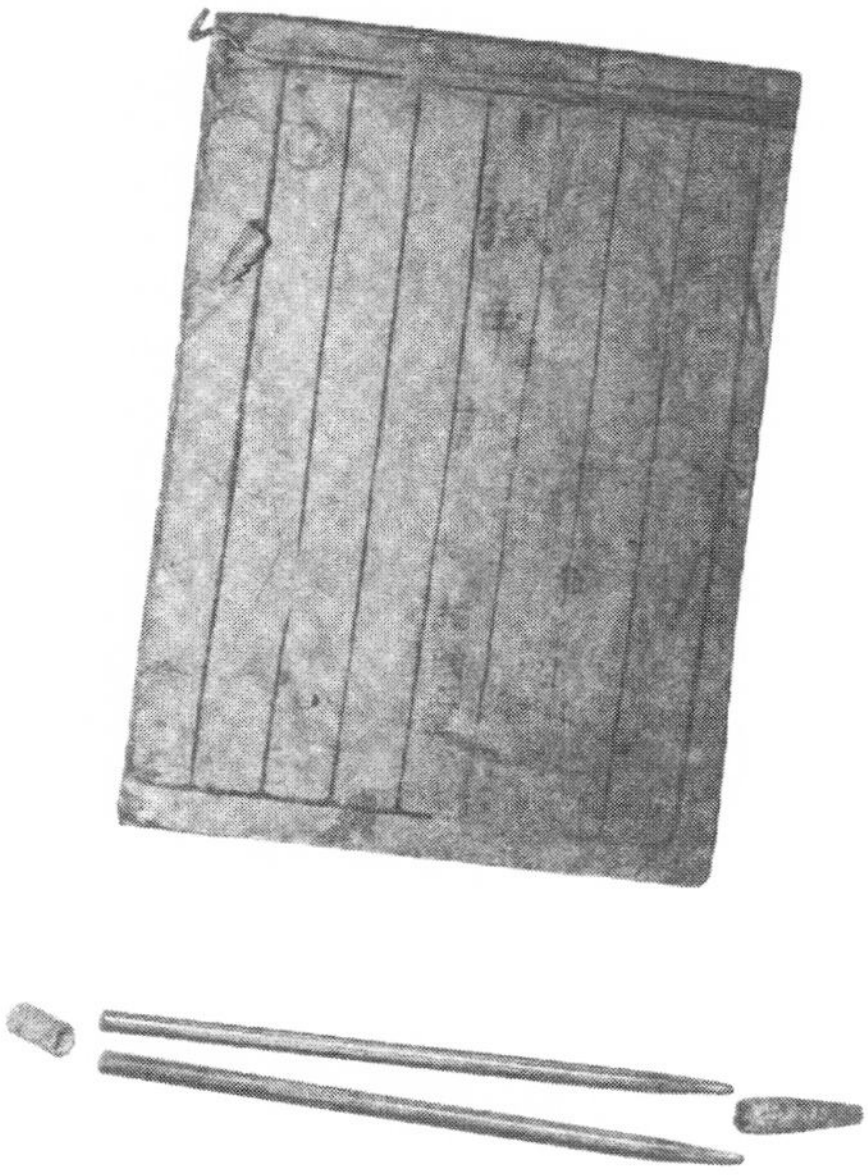

▲獄中記、それを書くために使った鉛筆

ることだから」ということで無理にお願いして、所謂「獄中記」の一部を見せてもらった。範士の「獄中記」は我々が書いているような日記とは全く違った形式のものであった。

範士が死刑という避けられない運命を背負って毎日書き続けられた内容は虚飾も誇張もいささかの偽りもない。ありのままに移りゆく日々の心境がこと細かに書かれてある。それは死とは何ぞや、生無生、生の解決への連続の日々である。

以下これから述べることは範士の「獄中記」をもとにして、分らない点は重い口の範士にぶしつけな質問を繰り返してまとめたものである。

はじめに範士が日記に使われた筆記具について述べてみたい。五棟の人達に支給される物品はほんの僅かの物だった。一日分のトイレットペーパー、一ヶ月に一冊の便箋と一本の鉛筆。筆記具はたったこれだけである（死刑囚の中にはトイレットペーパーに文や絵を書いた人もある）。死を目前にした人達にとって筆記具は絶対に必要な物だった。自分の最後のぎりぎりのことを遺族に残せるのは紙と鉛筆を使う以外に方法がなかった。範士の日記にも「獄中では紙と鉛筆は生命に等しい」の文を見ることができる。

獄中では鉛筆を削る刃物は勿論持たされるわけがない。歯でかじって芯を出すより方法がなかった。しかし歯でかじれば芯は折れ易い。そこで誰が考え出したか、週一回の入浴の時にそれを湯に漬けて糊をゆるめて木を二つに割る。芯を動くようにすると、再び木を合わせて上から紙を巻いて締める。こうして中の芯を少しずつ出してその芯を壁で細く研いで使われている。これも獄中生活の智恵だろう。五棟の人達はみんなこのやり方で書き残したそうだ。この鉛筆（五cm足らず）は日誌とともに今も残されている。

紙も十分にないから便箋の一行枠に細かな字で二行の文がギッシリと書き込んである。今日のように物が豊富な時代の人達には俄に信じてもらえない。紙と鉛筆でさえこんな有様の中から書かれたその日記の内容は真に迫るものばかりだった。

我々編集部は楢﨑家の家宝を資料にして書くのであるから、これに書かれたことを正確に伝えることによって、現代の剣道家にも後世の剣道家にもためになるものを書かねばならない。その責任をひしひしと感じた。

現在の楢﨑範士の剣風とそこに隠されている充実した気力や気攻めは一朝一夕に出来上ったものではない。後年のあの豪快な面の持主も若い時、五棟に移された当時は迷い悩んだあとがある。ところが日を経るに従ってだんだんと変化して悩みを浄化しているのが日記によって知ることが出来る。その変わってゆく過程に精神的成熟がある。

既に述べて来たように昼も尚、薄暗い五棟の二階は毎週の木曜の夜九時を境に一週間の生命の切換えである。四六時中、息がつまるような死の恐怖が漂っている。その恐しさの中から自分を見失った狂人が何人も出ている。五棟では狂人の中にも我々が考えも及ばなかった人もいた。中には死刑の執行を免れるための偽装狂人もいる。見破られて怨を飲んで執行されてゆく人もいれば、あくまで狂人を装い通そうと惨めな努力を重ねている人もいる。一番年の若い範士は、そのような弱気の仲間の中からたくましく立ち直ると、我々には想像も出来ないような行動を始める。そのことは後に述べることにして範士が急速に立ち直れたのには次のことがあったからだろう。

諦めるとは明らかに真理を究めることが真の明《あき》らめ刑場へと消える前の岡田中将に頭を撫でられる

前で述べたように範士は五棟に移されると日を経ずして岡田中将と同室になった。これはまさに仏縁と云って良いだろう。岡田中将は範士に先ず宇宙観（仏教の宇宙は天体の宇宙とは違う）、人心観から続いて日蓮の此土極楽、則身成仏、現世利益などから説かれている。難解な仏典への挑戦のあとが見られる。その頃、五棟にはいろいろな人がいたらしい。

前述の本物の狂人も偽装狂人もいる。或る上級将校などは「もう俎の鯉だ。日本軍人はじたばたしない」などと自己の保身だけに明け暮れる人もあれば、「俺はもう諦めた」と云って軍歌ばかりを唄っている士官もあった。岡田中将が範士に教えるには、それらの人達は決して諦めているのではない。諦めると云うことはあくまでも真相を明《あき》らかに究《きわ》める。明らかに真理を究めることが真の明《あき》らめと云うものだ。そのためには精進を重ねる必要がある。また強くてたくましい気力が伴なわなければならないと教えられた。それまでの範士は諦めると云うことは何もしないで他人まかせ主義が諦めだと思っていた。それだけに岡田中将の教えには鋭く胸に応えるものがあった。範士が考えていた諦めが岡田中将の仏門に入ることによって全く逆になったのである。

　岡田中将の日課は殆どが法華経とのにらみ合いと壁に向かっての禅定だった。範士は今も尚、岡田中将を尊敬して称賛の言葉が多い。それほどまでに範士に影響を与えた岡田中将とはどんな人物だったのだろうか。岡田中将には次のような挿話がある。B級裁判が進んでいよいよ東海軍本部関係になると米軍から弁護士が派遣されて来た。中将は弁護士との初対面の冒頭に次のように云った。

「予は元東海方面軍司令官岡田中将である。被告の彼等はもと予の部下である。本件に関しては予の部下は予の命令、或いは予の意向を奉じて行動している。従って全責任は予に在る。敗将に軍事法廷が与える刑の軽重は問題としない。依って自分に対する弁護は一切要らぬ」と云い切っている。痛快なこの言葉に米軍関係者は驚いたらしい。

　範士がこのような立派な中将に習った宇宙観も人心観も極めてむずかしい。宇宙則実相、現象則実在の日蓮宗の宗教哲学は若い範士でなくても手に余るものだった。毎日中将が説かれる話を聞き、そのあとは坐る。坐っては考える。考えては又坐り直す。毎日毎日がこれの連続だった。

　こうした積み重ねが知らず知らずの間に何かを創り上げられたのだろう。その何かとは、如何なる力によっても打ち砕くことの出来ない、また如何なる立場に立たされても動じない精神力。この辺りの範士の人間性が我々剣道家の最も参考にしたいところである。

　範士は先に述べた苦しい過程を乗り越えると、急に物の見かたや処世観に確固たる方向づけが示されて来る。所謂小乗的な人間からいよいよ大乗的な人間形成へと歩みはじめるのである。範士の人間開眼と云っても差しつかえなかろう。こうした変り方を端的に右とか左とか書いてみても容易に理解することは出来ない。範士の精神的な苦しみは本人しか分からないことである。そこで範士が五棟で経験された事例を挙げながらその辺りをもう少し深く踏み込んでみたい。

岡田中将は陸軍士官学校時代に日蓮宗の一小宗派の戸谷好道の辻説法が縁で信者になった。後には河合陟助師に学んでいる。範士は岡田中将と同室になり、最後は中将を刑場に送るという悲劇的なことを味わっている。そのときの様子は大岡昇平著「ながい旅」にもあるが、範士の日記から転載すると――、

「九月十五日今夜はなんとなく胸騒ぎがしてならない。六時に交替した看守達がいつもより静かである。常日頃、首吊りと渾名されている下士官が勤務でもないのに小さなカードを持ってぶらぶらと廊下を行ったり来たりしている。何となく予感がする。九時にいつものとおりに、寝る前の体操をして唱題をして床に就くのであるが、今夜はどの部屋も咳一つ聞こえない。今日執行があれば誰だろう。種々《いろいろ》独り考え、不安をつつみながら床に就く。九時一寸過ぎ、フロントの扉がガチャガチャと開き、数人の靴音が響く。やっぱりやるなと思っているうちに靴音がだんだんと近づく。靴音が過ぎれば通過だ。だが安心はならぬ。部屋を間違ってまた戻って来ることもある。その夜の靴音は十一号室、私の部屋の前でぴたりと止った。途端、「オカダ、オカダ」と名前を呼んだのである。閣下はその夜に限り暫く床の上で坐禅をされた。いつもだと唱題を二、三回唱えてから長くなられるのだが唱題のあと三、四分の坐禅であった。そして漸く床に就かれるとすぐに名前が呼ばれたのである。二、三回名前

を呼ばれたが閣下は起きられない。私が『岡田さん』と声をかけると閣下は目を開かれ看守達に向って『ジャスト、モーメント』と落着いた声で云われた。そして静かに起き上がって体を拭き清め、口をすすがれてから数珠を手にし、「やることはやった。何んの悔いもない。君達はもう来ることはない。君は飽く迄、正法を護念せよ』と云って僕の頭を二、三回撫でて下さった。そこまでの一連の挙措はまるで流れるように自然で、まったく平生と変わりがなかった。それからひときわ声高く南無妙法蓮華経を唱えて下駄音高く刑場に向われた。そのとき僕は合掌して唱題を唱えると五棟のあちこちの部屋から唱題の声が一斉に起って師をお見送りした」

その夜の作に

世の人のなべて眠りの深き頃
　巣鴨の空に人霊昇る

一週の木曜の夜の九時にして
　吾らが生命切りかえられる

岡田中将も仏弟子の範士も心の底には激しいものを持っておられた。ごろごろと毎日寝転んでいたり、鼻歌を唄って過ごすことは出来ない。また一部の人達のように罪を認めて只々念仏を唱え後は全てを仏に任せれば極楽に行けると教える他力本願には何処迄も飽き足らなかった。

岡田中将を送って一人残された範士の日記には更に進境が見られる。

「自分の師があれほど立派な人であったのだ。あの師の業力を受け嗣いで師が教えた則身成仏への大精進、真理追求のための大勇猛心を起し、正法を護念せよの信念に徹し、奇跡を信じて生死の境を往く人の大悟の分析に生命を捧げる」と覚悟の心境が一文字一文字に読みとることができる。そしてまた、翌日の日記には、

「師は執行官の呼び出しに何の抵抗もなく淡々として『よし、やることはやった』と床から起きて唱題を唱えて従容として死に就かれた平常心こそ自分のものにしなければならない。今刑場に消えようとする師が目の前で二十六才の自分の頭を撫でて行かれた。恩愛と平常心は自分の永久のエネルギーである」と書いている。このあたりの日記は岡田中将の精神が範士に乗り移った感がある。

普通の人であると七ヶ月も起居を共にした師を刑場に送れば、一時的にも虚脱してしまうだろう。ところがこのときの日記を読むと、範士が九ヶ月前に死刑の判決を受けた当時とは全く別人の日記に見えるのである。

桜と柳
死を目前にして感じとった自然の美しさ

月日は少し遡るが、岡田中将を送った日より四ヶ月前の四月二十日に「桜と柳」と題した日記がある。その一部を紹介してみよう。この日記にも範士の人間性がよく表れている。あの厳しい剣道をする範士にもこんな一面があるのだ。

「四月二十日水曜日晴

昨夜は少し気味が悪かった。火曜であるのに、就寝してからゼーラ達があちこちの部屋の錠をガタン、ガタンとさせて寝つけない。自分はひょっとすると呼び出されはしないか。平気で立てるだろうかの不安がしてならなかった。今朝起ると岡田さんも昨夜は少し具合が悪くて寝れなかったと云われる。

今朝あたりはすっかり陽気が急変した。春だ、窓から入って来る風も生暖かく、畳も汗臭い。坐禅のときに石垣島の榎本さんが来てくれて云うには月曜日に偉い奴が来たが横浜から何か命令を持って来たのだろう。明日あたりが物騒だ、なんて云っている。石垣島の連中はびくびくしている、そろそろもうある頃だ。いくら決心したからと云っても、死が恐しくないと口で云っても、平素と同じ感情でいられると云うことは無理だ。

今朝の散歩は珍しく大運動場に出してくれた。それも三組のうちの一組だけだった。岡田さんは一年振りと云われる。誰も死刑囚になってから大運動場の土を踏んだことはないのである。いつも太陽の照らない所を十二、三回ばかり廻る。今日はコーカー中尉が親切に出してくれた。

陽の光が燦々と照る所に出たのは一年と三ヶ月振りである。太陽の有難さ、まぶしいような恥かしいような、何んとも云えない気分である。ここからは労働事務所前の桜と柳が見える。満開の桜。新緑したたる柳。春のやわらかい風にゆれている。なんと美しい色だろう。青空に浮かぶ美しい桜と柳を見て歩いているとしらずしらずに涙が出て来た。あの色は戦前に見た平和な時代の色と同じだ。死刑囚として死を目前にして見る自然の美しさは僕の心を打つ。

遠くに爆音が聞える。塀の外から子供の声が聞えて来る。尺八、バイオリンが聞えて来る。それも桜の曲だ。又しても涙が出て来た。これは一体何の涙だろうか。自然の美しさにひき比べた自分の悲しみの涙であろうか。いやいやそうではない。自分はもう死を覚悟した人間ではないか。社会には忘れられた人間ではないか。それを今更悲しい涙を出すこともあるまい。この涙は自然の美しさに打たれた涙である。

ここに見る桜も柳も恐らく最後のものだろう。自然の美しさの中にいて人間はどうして鬼のような心を持つものだろう。あの桜を見よ。柳の色を見よ。美そのものではないか。（中略）今日は本当に嬉しい散歩だった。死を前にして嬉しいことなどあるかと云うだろうが。本当に嬉しい散歩だった。久し振りに陽を受けて精を出して歩くとすっかり草臥れた。おかしなもんだ、何もしないで四ヶ月もいるとこんなに体が弱っているのだろうか（下略）」

この日の散歩がどんなに嬉しいものであったか。淡々とした文章の中に生の喜び、生きることへの願いが手にとるように記されている。五棟の経験のない人にはなかなか理解出来ない嬉しさがあったらしい。我々編集部ではこの文に表れていない面も書き加えなければならない。第一号の執行を受けた由利敬中尉の遺言には「自分の骨は太宰府の天満宮に参詣させて欲しい。それから長い間日の目を見なかったから骨をお天道様に当てて欲しい」とある（平和の発見・朝日新聞社刊）。五棟の人達は何十日も何百日も太陽に当ることが出来なかったのである。また範士の日記にもあるように看守と同

梢崎

囚の他に日本人を見ることがない。文字通り閉ざされた社会（五棟）であり、生命こそあるが人間として扱われていなかった。その中から少しでも鍛えようとする人達もあれば、寝てばかり居る人達もある。

この辺りのことを範士に聞くと、「いざと云うときにたった十三の階段を上がれない人もいるのだ。刑場の十三階段は生から死への最後の大事な歩みだ。いささかの乱れもあってはいけない。僕や冬至や中山は最後の最後迄堂々として死んでゆこう。アメリカ人にみっともないところを見せられるか。それには普段から足腰と坐禅によって精神も鍛えて置かなくてはね」

「普段に鍛える」、これはそのまま範士の今日にも続いている。

「私は今でも坐ることが非常に楽しい。長い時間坐る必要はない。坐っていて自分の息を数えると下腹に力が入ってとても気が楽になる。こうなると上半身の力が抜け雑念が下の方へ下ってくる。普段は二、三十分の数息観をやる。やりはじめは三十分に六十回くらいの呼吸をし、だんだんと減らす。五十回、四十回まで息を長くする訓練をする。難しい問題をかかえたとき等は坐って坐って肚で考える。人間は眼で見て、耳で聞いて、それから頭で考えてから物事を処理するが、僕はそうするとその処理に後悔したことが多い。坐ってから肚で考えて行動を起したことについては後悔しないことにしている。

『物事をよく呑み込め』と云う言葉があるが、坐って丹田にすべてを呑み込んで、そこで練って練って浄化されてから作用する。剣道にもこれを当てはめている。これをやれば捨身になれる。これをやると捨身になれるし、身離れもよくなり歯切れの良い稽古が出来る。それには坐り続けることだ。『丹田』田は物を作るところ、田を鍛えることが大切だと思う。丹田が固ければ固い程瞬発力が強い。剣は溜めと云われるが、腹の底の溜めと瞬発、これが吻合した時、捨身になれると思う。坐りながら自分を目の前の壁の中に入れてみる。そしてこちら側から自分が第三者として凡《あら》ゆる角度からじっくりと眺めて見る。現象界の自分を宇宙実相の中に嵌めてみる。そして又、現象実在の自分に帰る。その往ったり帰ったりが人間形成の道程ではないかと思う。私が坐って来たのはそれだけでそれ以上の難しいことは分からない」

範士に無念無想の境地、或いは禅僧の云う「空」或いは「無」について質問をしたところが笑って「人間一時たりとも頭の中で物を考えなくすることなど出来るだろうか」との答であった。

範士の云われる数息観に徹するとその境地に近いものが得られるのかも知れない。やはり範士の面は数息観で練って練っての面であろう。

生死の岐路に立つ恐怖
裁判の不合理を訴えたこより作戦

範士が明らかに究めることは再審によって真実を認めさせる、もう一つはこの裁判は戦勝国側の報復的裁判である、その事の主張である。それをやろうとすれば五棟以外と何等かの形で連絡を取りたい。範士は一つの着想のもとに宗祖日蓮が教えた一大勇猛心と不退転の決意のもとに大胆でありかつ危険な事を始めた。

死刑囚には毎日四、五十cmの長さのトイレットペーパーが支給されたことは先に述べた。これを細かく裂くと鉛筆の細かい字で裁判の不合理を詳細に書いてこよりにする。沢山のこよりを作って置いて風のない時を見計って窓の網目から落とすのである。春は雀が巣作りに忙しい。心ない雀は範士が苦労して作った連絡文を地上に届く迄にさらって行ってしまう。範士は風に飛ばされようが、雀にさらわれようが飽くことを知らずに毎日毎日これを繰り返した。目的は一週間に一度だけ有期刑の人達が中庭を掃除に来る、この人達に拾ってもらうことである。

これは危険な行為である。有期刑の人達の目に止まらないで米軍の看守に発見されたら大変なことになる。外部と音信する不心得者としてただちに刑の執行をされてしまうかも知れない。範士はその危険を冒しても尚、毎日これを続けた。

この止むに止まれぬ行為は、云う迄もなく岡田中将が残された教えの中にもあるように、生命のある者がそれが終わらんとする時迄のぎりぎりの行動であろう。通じる通じないは問題にしない。只々やらねばならないと云う信念からである。残された生命の寸毫も無駄には出来ない。この行動には冬至氏も賛成であった。範士は岡田中将を失ってから日課が一つ多くなった。日記、歌作、感想文、坐禅、体操、それにトイレットペーパー作戦である。

一見単調に見える獄窓にも一週毎に友人を刑場に送る、そして日時の経過は夏から秋へ、又しても冬が来た。

そして二月十日の午後突然一つの変事があった。この日の日記を見ると——、

「朝から粉雪がちらちら舞う寒い日である。午後看守が面会のあることを告げる。仲間の人達は心配してあちこちから声をかけた。心配するわけである。明日は紀元節と金曜日が重なる。偶然かもしれないが、平均して刑の執行は日本の祝祭日に当る日が多かった。誰も口には出さないが内心執行を恐れている。その上に今月一日に智恵子(夫人)が面会に来ている。僕に面会があるとすれば異常だ。連れて行かれた所は面会室ではない。花山教誨師の部屋だった。この人はいつも死刑の執行に立合った唯一人の日本人である。いよいよただ事ではない。僕は形どおりの挨拶のあとで花山氏に聞いた。

楢﨑　今日は何のご用でお呼びでしょうか。

花山　あなたの留守家族はどちらです。

楢﨑　妻はカードに記載された所に居ます。

花山　お宗旨は何宗ですか。

楢﨑　禅宗です。

花山　覚悟は出来ていますか。

楢﨑　覚悟はここに入ったときから出来ています。

花山　家族への伝言はありませんか。あれば伝えますよ。

楢﨑　英語の辞書を届けてもらいたいのです。

花山　中の空気はどうですか。
楢崎　静かなものです。
花山　明日は執行があるらしい。
　花山氏はひっそりと執行のあることを告げた。「いよいよ僕にも来る時が来たか」とある。以下は範士に聞いたことに依ると、花山氏と別れて自室に戻ると近くの人達が心配して面会の様子を聞いた。この日は朝から異常な事が多かった。午前の屋外運動のときも、普段はふざけあっている看守達がこの日に限って静まりかえっていた。五棟の人達はこの時から言葉には出さないが何かを感付いていた。そこへ教誨師が不時の面会である。これは今までに執行のあった日のそれと同じだった。この日の夜の九時、五棟全体が緊張している中、仏印関係とバターン死の行進関係の責任者など八名が連れ出された。範士は昼間、教誨師に呼び出されていたから自分もかと思っていた。ところがそうではなかったのである。そして八名を送り出して、気の毒に妻も子もある人達だろうがと思う反面、ああまた一週間生き延びたとほっとしている時だった。
　ついさっき出て行った看守達が又戻って来た。それも首吊りと渾名された兵隊達である。彼等は部屋番号と手に持ったカードの名前を見ながら範士の部屋の前で止まった。そして範士と冬至氏に至急荷物をまとめ出て来いと云う。範士は俺達もかと聞くと「そうだ」と答える。この時の会話が日記にあるが実に立派なものである。
楢崎　オイ再審もないのに早かったなあ。

冬至　そんな順番なんか当てにならんよ。
楢崎　俺の顔色はどうだ。
冬至　少し蒼いな。
楢崎　お前も少し蒼いよ。

とある。二人は急いで遺書に最後の日付と時間を書き入れる。荷物をまとめて毛布にくるみ廊下に出た。ところが看守は出口の階段とは別の方向へ連れてゆくとついさっき出て行った人達がいた空いた部屋に入れと云う。二人はここで待たされることになった。いよいよ最後である。瞑想する。ところが十二時になっても呼びに来ない。その間二人は次の事を思っていたそうだ。

先ほどの八名の執行が遅れている。死刑台は四つしかない。人生の最後に来てごねる人が居る。執行書にサインを拒む人もあれば最後の食事に難癖をつけてあれを持って来い、これが食べたいとやる。そのために遅れていると思っていた。

範士と冬至氏は待たされること四時間、午前二時に別の看守が巡回に来たから聞いた。「おいゼーラ、俺達の執行はあるのか」、ゼーラは「その申送りはない」という。何んの事はない。二人は夜中に部屋換えをさせられただけだったのだ。範士と冬至氏は、こより作戦が発覚して処刑されるものと思っていた。

翌日の日記には、「『夕べやられなくて良かったなあ』と笑いあった。冬至氏は『それにしても良い経験だった。俺達はもう既に一度死んだ人間だ。あと何日生きられるか分からないがもうけものをした。そのつもりで生きて行こうじゃないか』」という二人の会話がある。

それにしてもひどい仕打ちだ。真冬の夜中に四時間も死刑寸前の心境を味わわされてしまった。九州生まれの熱血児二人はこのままでは収まらない。この日与えられた精神的苦痛を文書にして管理当局に抗議した。このあたりが範士と冬至氏らしい、大胆かつ愉快なところだ。忽ち調査があって、その原因は分かった。如何にもアメリカ人らしい失態で、看守が交替時間が来たから範士達を置きっ放しにして交替してしまったのである。この怠慢を犯した看守は戦争の危機のある朝鮮半島の勤務に飛ばされてしまったそうだ。

範士はこの夜の事を歌に、

執行の呼び出し受けし夜の床に
　綿毛の如く我は起ちぬ
妻の影礫《つぶて》の如くひらめきし
　たまゆらの身を壁に寄せけり
一週の生命《いのち》延びし朝の陽の
　淡き窓辺に吾は寄りおり

その夜の出来事を文にまとめればこんなことにしか書けないが、二人が味わったその時の心境は我々が想像してみる以外に、実感のつかみようがない。死寸前の絶対の危機。この心境が後年の範士の生き方にも剣道にも表れていると思ってもよいであろう。

文字通り寿命が縮まる思いをしたその後も範士はこより作戦を続けていた。範士は五棟に居るから分からなかったが、この間にこより作戦の効果が上がっていた。

再審は慎重に行なわれていた。軍事裁判の再審は法廷を開くことはない。書面の審理だけである。再審には日時がかかった。この間に日蓮が教えた奇跡が起った。そのことも勿論範士達五棟の人達には一切分からない。只、何となく感じられることがあった。中庭の掃除に来た有期刑の人達が外から大声で歌ともお経ともつかないことをわめく。看守達には奇妙な歌の内容などは分かりようがない。そこは日本人同士である。世界情勢に変化があったらしい。然し五棟内には何の変化もない。只、死刑の執行の間が遠くなっていた。

減刑
ついにこより作戦が実を結び終身刑に

「今朝は幕田氏に手伝もらって図書室の整理をした（注・範士は五棟内の図書係）。八時半より有期刑の人達の慰問演芸大会が催された。A級の人達が自由に中庭を散歩している。死刑囚だけがなぜこんな警固を厳しくするのか。今朝の慰問演芸は五棟の仲間は楽しく聞くことが出来た。有期囚の心づくしの演芸を聞いて仲間はみんな涙、涙である。（注・慰問演芸は中庭で唄をうたったり浪曲をやる。これを窓から聞くだけだった）

▲巣鴨プリズン跡地に聳え立つサンシャイン60（東池袋）

慰問演芸が終わったので再度、本の整理を始めた。そのときキャプテンが網窓に立って僕の名前を呼ぶ、振り返るとにこにこ顔をしている。彼はグッドニュースと云って森通訳を呼んだ。森氏は『減刑だ、減刑だ』と云う。僕は喜びの興奮を押さえて通訳の言葉を聞いた。終身刑になった。森通訳は五分間で仕度せよと云う。仕度と云っても毛布と書きためた書類があるだけだ。然し冬至さんを残して行くことは耐えられない淋しさがある。文字通り生死を共にして来た仲だ。僕は嬉しさと後髪を引かれる思いと交錯する中で五棟に残る皆さんに挨拶をして廻った。再度もとの部屋の前に来ると冬至氏は涙を流して網窓から僕の手を固く握った。僕は減刑運動をして五棟以外で再び逢えることを誓って最後の握手を握り返す。これはこの人と最後の握手になるかも知れない。感無量。続く言葉はない。

そこへ田島教誨師が来てくれた。（注・花山教誨師はこのときより約2年前に免職になっていた）共に喜んでくれる。図書の方は幕田氏に依頼して六棟に移る。そこへ早速、山上（囚友）より尺八が届いた。六棟の人達が祝に来てくれた。田島先生は早速電報を打ってくれると云われる。この喜びを一分でも早く家族に知らせたい。六棟に移ったこの日は事々に特別扱いだった。何が何だか分からないうちに一日が暮れた。夜になったが嬉しくて眠れない。前の晩までは終夜明るい電燈の下に置かれて看視されながら眠った自分だったのに、再度生命の血が若い勇気が脈々と体に流れている。死地から蘇った。今日から新しく生まれ変わったのだ。今迄の楢﨑は消滅したのだ。ここに新しい楢﨑が誕生した。嬉しさの余り眠れぬまま体を起して五棟の方を見ると、自分が住んでいた部屋は燈が消されている。冬至さんは誰かの部屋へ移されたのだろう」

この時の歌に、

三月の天つ光の豊かなる
　朝に再び我は生れき

窓をすきて遠空碧く澄みたれば
　朝の草煙の味さえすがし

天づたう者の光を澄みゐつつ
　小さき生命《いのち》と我が思わなくに

梅干の古き酸味が歯に残り
　今朝郷愁のいやましにけり

などの歌がある。多くの時間はかかったが、こより作戦が現実となり、再裁判へ持ち込むことが出来た。結果は原審通りだったが、それだけの時間を引きのばす目的は達せられた。そうしているうちに朝鮮半島に一大紛争が起った。それは昭和二十五年六月二十五日のことである。北を応援するソ連と中国、南を助ける米国を主とした国連軍。国際情勢の変化は巣鴨プリズンにも変化をもたらす。もともと第二次大戦の報復的裁判であったから昨日の敵はいつ迄も敵でなくなる。範士が全く自由の身になったのは昭和三十二年になってからだった。

四

遅すぎた春
昭和三十二年、剣道界へ復帰する

範士が十年間に及ぶ巣鴨生活から完全に自由の身となったのは昭和三十二年、35才の時である。夫人や近親者や先輩、後輩、関係者の喜びようは文字通り筆舌に尽しがたいものがあった。ところが青天白日の身になったとはいうものの、なかなか就職先が見つからなかった。が、幸いにして或る先輩の尽力で衆議院の職員に就職できた。

その頃の世相は左翼活動が盛んだった。例の血のメーデーの後は不穏な情勢が続いていた。デモ隊が国会周辺を埋めつくして院内になだれこもうとしたり、米国大統領の特使が羽田空港で膨大なデモ隊に囲まれて地上から都心に入ることが出来ずにヘリコプターを使ったり、果ては我が国が国賓として招待した米国大統領が世情不安を考慮して訪問を中止する等、事件が相次いだ。

範士の就職に関しては当時の事務総長であった山崎高氏の尽力が多大である。山崎高氏は剣道界の古い方なら御存知のことと思う。現在範士七段。東大剣道部のＯＢであり、最後に会計検査院長を勤められ退官された方である。当時の社会情勢は安保問題で政界が一番混乱した時で山崎氏は何回か衆議院道場に稽古にこられた。そして範士と稽古され、その剣風と人格を信頼されて採用し、剣道指導に当たらせられたのである。こうして範士は再び剣道界への復帰が出来たのである。

範士の剣道に対する情熱は魚が水を求める如く、当時としては、想像以上であった。しかし剣道界は変わっていた。武徳会は解散になり、終戦当時は潰滅的だった剣道が復興の途を歩いていた。組織も名称も改まり、段位称号制度は今日のそれに近いものになっていた。更に驚いたことには国士舘の後輩達の中に範士よりも先に六段になった人が何人もいたのである。

範士は職場に於ける立場からも後輩達に追いつき追い越さなければならない事情もあって、その時から再び猛烈な稽古を始めた。

その頃のことを夫人は次のように話している。「〝たまには家でゆっくりすれば・・・〟と云っても毎晩汗だらけの稽古着を持って帰り、日曜はまた早朝から二ヶ所くらいを廻って稽古をして、帰りは決まったように夜でした」。三十年代の初め頃は今日とは違ってどこでも稽古が出来るという訳ではない。稽古する場所は少なかった。範士は電車やバスを乗りついでは稽古場を廻ったのである。国家公務員になった範士夫妻には遅すぎた春が来た感じだった。

そんな平和で幸福な日々が続いた或る日、突然二人の来訪者があった。国士舘の先輩で埼玉大学教授の佐藤顕氏（現範士九段・埼玉県剣道連盟会長）と三期後輩の伊田勘三郎氏（卒業時四段）だった。二人が訪ねて来た用件は伊田氏が経営する土木建築会社へ範士を役員として迎えるためであった。

ここで範士が後に苦楽を共にすることになる伊田氏について少し触れたい。伊田氏は少年時代から頑張りやで、松山中学きっての剣道熱愛者だった。将来、一生を剣道に捧げる意思を持ち、中学卒業間近には岡田守弘先生を紹介され、現東松山から東京の岡田道場へ、夏冬の休みには住込みで剣道修行に通った。勿論、国士舘へ入学してからも同様、春夏の休みには杉並の尚道館道場に寝泊りして毎日のように都内を稽古して歩いた（故岡田守弘範士八段・談）。

伊田氏も戦争犠牲者の一人だった。中国戦線の戦傷が後を引いていたから範士を迎えに行った頃は剣道が出来るほど健康ではない。会社は着実に発展の途上にあったが、社長の健康が思うに任せなかったから発展の余地を残しながら、飛躍出来ない状態にあった。伊田氏は自分が心を許しあえる人が欲しかったのである。範士は同門の先輩、後輩に迎えに来られて迷いに迷ったが、伊田氏の熱烈なる要請に感激し、移ることを決断したのである。伊田氏は終戦直後、復員すると間もなく道場を作り、少年指導に自ら竹刀をもって将来を見透してやっておられた。その剣道に対する理解力と情熱に範士もせっかく就職した衆議院を退職されたのである。

範士は株式会社伊田組に移ると立場が代って会社を経営する側となる。伊田氏も度量があったから範士が仕事に慣れるのを待って次々と重要な部門を任せた。株式会社伊田組はおりから迎えた建設ブームという天の時と郊外都市という地の利と範士と云う人を得て、飛躍的な発展を遂げるのである。伊田組は現在埼玉県内屈指の土木建築会社に成長している。そして範士は副社長の要職に在る。三十年前に伊田氏が範士を迎えに行ったことは見事に的を射ていたことになる。伊田社長は長年の功労に依り黄綬褒賞を受賞され、剣道は子供に託し、二男が六段、三男が四段となっている。

東松山市に移ってからも範士の稽古は続いた。県内は勿論のこと休日には一時間以上も車を駆って都心に出る。主に野間道場である。ここには持田先生を頂点に小野、増田先生など多くの先生方が居られた。

一方、埼玉県内には全剣連副会長、全日本剣道道場連盟会長の小沢丘範士九段がおられる。小沢範士とは二十才以上の年の差があることもあってよく可愛がられた。

二人の名剣士
先輩市川彦太郎範士と共に埼玉県剣道界に貢献

範士が埼玉県に移って間もなく、後年、切っても切れない縁の人、同じ国士舘の三期先輩の市川彦太郎氏（現範士八段）が埼玉県警に来られた。後年、第一回明治村剣道大会（昭和52年）では同門で同県のこの二人が決勝で対戦すると云う劇的なことになる。

ここで市川範士について少し述べてみたい。市川範士は群馬県の出身で国士舘が生んだ俊秀の一人である。二十代の若さで海軍兵学校の教官になった。戦後は静岡県警教養課に奉職中だったのを前述の小沢全剣連副会長が、当時は警察大学校の教授だった縁から埼玉県に呼ばれたのである。不思議な縁と云うべきであろう。後に埼玉県の剣道を背負って立つことになる二人の名剣士が共に他県の出身で二人の九段に招かれて武蔵の国に住むことになる。

市川範士には〝悲運の名剣士〟という言葉がよく当てはまる。事実上の剣道日本一を決める明治村

▲昭和52年第1回明治村剣道大会決勝戦●楢﨑範士の小手が市川範士に決まる

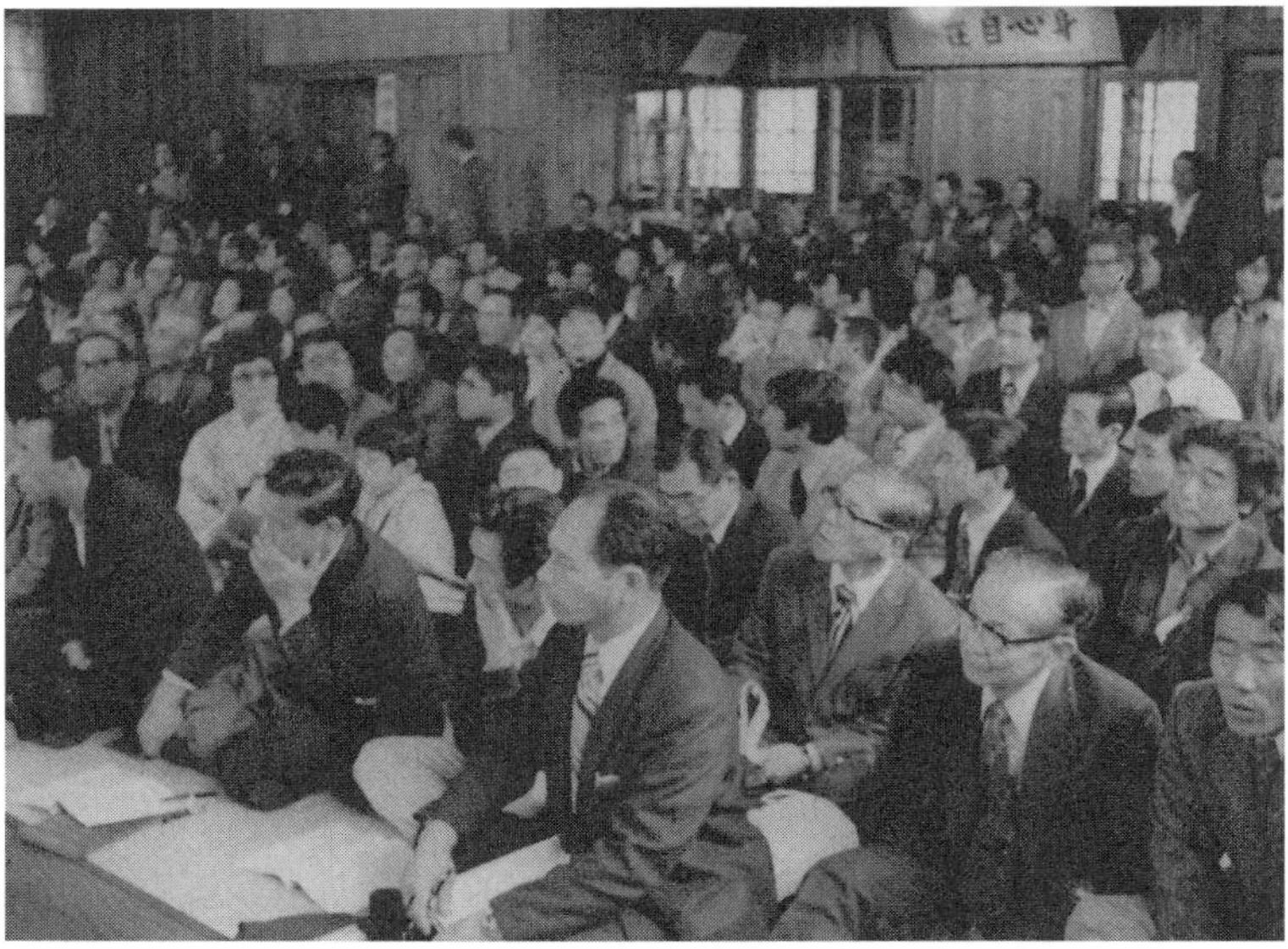

▲会場の無聲堂には畳を敷いて観客席が設けられた

の第一回大会では激戦の末、後輩の楢崎範士に優勝をゆずった。この時の試合の内容は既に多く語り伝えられているからここでは割愛するが、市川範士は翌年の第二回大会にかけて精進努力を重ねていた。ところが不運なことにあの立派な体に奇病が巣を作っていたのである。市川範士は体の不調を他の人には話さなかったが、最も信頼し、親しい間柄の楢崎範士には伝えていたらしい。市川範士は体調に不安を残しながらの出場であったから又しても決勝戦で敗れてしまった。そして四十日後の武の祭典である京都大会の最中に大手術をすることになる。これだけでも悲劇的であるが、市川範士の苦悩はそれからも永く続く。きわめて珍しい病気であったから世間では悪性腫瘍と思い込んでしまった。しかし耐えに耐えて、現在は以前の健康を取りもどした。五年間の闘病生活は剣道修行以上の試練であったと思う。

三十年前に小沢丘、佐藤顕両先生達によって埼玉県に招かれた市川、楢崎の二人の名剣士は招聘の期待に見事に応えた。そしてそれ以前から埼玉県に在住の小室進範士八段、豊田正長教士八段らとともに佐藤会長を盛りたて、以来、埼玉県の剣道の質は上昇の一途をたどり、昨年の国体では東京、大阪に先がけて五回目の優勝を遂げている。

楢崎範士はこのとき監督として選手を引率して行って大会の朝、次のような訓辞をしている。「勝負にこだわると剣道が暗くなる。従来はややその傾向があった。今日の試合は明るい剣道をせよ」。選手達は監督の訓辞どおりに明るく伸び伸びと戦って五回目の栄冠を埼玉に持ち帰った。

埼玉県内には市川、楢崎二人の範士によって育てられた剣道家が沢山いる。中でも特に抜き出た人に大久保和政氏（教士八段）がある。大久保氏は既に明治村大会では三回の三位入賞を果している。今年三月二十三日に行なわれた第十回記念大会では緒戦から良い試合の展開だった。一〜三回戦まで一本も取られずに準決勝に進んだ。ここで優勝者の林選手と当り惜しくも敗れた。

また楢﨑範士の直系の門下にも俊秀が多い。特に目立つのは水野仁氏（教士八段）である。水野氏は三年前に四十八才の若さで八段の難関を一回目の挑戦で通っている。この人は商店の生れだから、謂われるところの専門家としての学歴も職歴もない。自営業の限られた稽古時間の中から、ただひたすらに楢﨑範士の教えを守って精進を重ねて成長した人である。水野氏の剣風は楢﨑範士に近い剣風である。

不撓不屈の精神
あの小野田寛郎氏とも親しく交流

楢﨑範士の性格は地味な方で世に謂われるところの目立ちたがり屋ではない。だが、剣道以外の交友関係には立派な人が多い。既に述べて来たようにテレビやラジオ、文筆に盛んに活躍している藤原弘達氏もその一人であり、ルバング島で三十年間も頑張り通した小野田寛郎氏も親しい友人の一人である。巣鴨で十年間も苦難の人生を歩いた範士と、南方の小島に置き去りにされて三十年間も日本の勝利の日を信じて飢えと戦って生き延びて来た小野田氏とはよく気が合うようだ。南方の小島から帰った小野田氏は喧騒の日本を避けて、ブラジルに渡って牧場の経営者になった。現在は二千頭近い牛を飼う大牧場主である。小野田氏は多忙な中を毎年一回は日本に帰り、青少年に合宿訓練を行なっている。そして日本に帰る度、共に島で苦労したかつての戦友の墓参の傍ら、必ず楢﨑家に立寄って行かれる。ブラジルへ行く直前にも川口市の四誠館道場（髙橋四郎館長）で幼少年指導の為に剣道をされたそうだ。

ここで範士と親しい間柄から小野田氏にまつわる面白い話を紹介してみよう。

ルバング島での食糧は牛の肉だった。放牧の牛を獲って肉を乾燥させて保存するのである。しかし銃を使って牛を獲ることに失敗した。小野田氏と他の二人の戦友のことは島の人達には早い時期から分かっていたらしく、発砲に気づかれて反撃を受け、最後に残ったのが小野田氏一人であった。その間に日本から捜索隊が何回も出された。小野田氏は日本から捜索隊がきたこともよく分かっていた。それだけではない。録音された父母や兄の生の声も木の陰で聞いてはいたが、それでも頑として出て来ない。隠れたままである。小野田氏の考えは決まっていた。自分は軍の命令に依ってこの島に居て任務を遂行中である。上官の命令によって来ているのであるから上官の命令がなければいかに誰が迎えに来ても日本には帰らないと決めていたのだという。古武士の精神の再現であり整然とした理論だ。

小野田氏はブラジルへ行くについて、「僕は三十年間、牛の生活を見て生きてきた。牛のことは誰よりもよく分かっている。だからブラジルで牛を飼う。そして立派な牛の肉を世界の人々に食べて貰うことが自分の仕事だと思う」と語っている。

楢崎範士と小野田氏のよく似た点は不撓不屈の精神である。そして不断に鍛えると云う心構えだ。既に述べて来たように範士は下腹部、即ち丹田と云うことに重《おも》きを置かれている。丹田を養うには足腰の筋肉と腹筋の強さが必要である。これが弱っては溜めに溜め練りに練ってからの技も出なくなる。副社長と云う多忙の毎日ではあるが、足腰と腹筋を養うために毎朝のジョギングは欠かさない。少しくらいの悪天候はものともしない。三、四十分は走って帰る。余談になるが、このジョギングでは本誌編集部員の一人も気まり悪い思いをしている。或る日、取材に伺ったのが夜だった。もっとも範士は毎日多忙だから夜の取材が多いのだが、その日は取材に熱中して帰りの電車が無くなって、泊めてもらうことになった。翌朝、目が醒めたところへ範士が汗を拭き拭き帰って来た。きまりが悪くなって朝食もそこそこに帰って来たという。

「楢崎の面」
溜めに溜め、練りに練ることで必ず機会がある

最後に範士の面について述べなければならない。斯界に盛んに云われている「楢崎の面」も一般の剣道家が打つ面も運動的な方角から見たら何等変るところはない。ではなぜあれほどまでに打たれてしまうのであろうか。そのことに関しては改めて述べる必要はないと思う。答えはこの章の所々に潜んでいるからだ。

▲日常行なっていたタイヤ素振りと早朝ジョギング

範士は技を出す前に他の人と違うところがある。溜めに溜め、練りに練っているうちにあらわれた機会に捨身で打って出る。その間、不用意な、軽率な技を出さない。範士の場合は一本の面、一本の小手、一本の突き、全てが技を出す前に溜めに溜め、練りに練った上での機会をとらえている。

範士に次のような話を聞いた。「どんな人にも何時かは機会がある」。この言葉の裏に在るものは相手と対峙して、寸毫も気のゆるみを作らずに一分、二分、三分、五分と溜め、練りを続ければいつかは耐えられなくなって来る。その辛抱が出来るか否かにかかってくるのだ。立場を代えて見れば誰にでもその機会があることになる。この辛抱が大切なことである。ただここで若い剣道家に誤解して欲しくない点は、この辛抱を続ける間に居つきがあってはならないということである。

この他に範士の話の中にある重要な点を拾うと次の幾つかがある。その一つに中心の攻め取りと云うことがある。相手と対峙していて相手の竹刀を押え過ぎれば裏から逆に攻められる。中心の取りあいというのは物理的というか、運動的とでもいうか、相手の竹刀を押えることではない。間合と中心の取りあいは剣道の玄妙の面白さがある。

範士は間合についてきわめて面白い話をされた。剣道の目付けは一般によく理解されていることに遠山の目付けがある。範士はたとえ間合が近くなった場合でも、心の目で観る相手を遠くに置く。そうすることによって近間の相手も適正な間合のときと同様に稽古ができる。近くにきても、心の目で遠くに相手を観る。すなわち、大きな剣道をするという気持ちである。

次に色のある目で相手を観ない。これも重要なことである。対峙する相手を何段だとか、或いはこの人はどんな特徴のある剣道をするとかは一切念頭に置かない。その人をそのまま素直にみる。このことについて出て来る話に道元禅師の歌がある。

往き交へる四條五條は橋の上

通る人をそのままにみよ

範士は処世にもこのことに徹したと云われる。これはなかなか難しいことであろう。

以上をもってこの「楢崎の面」を終ることにするが、我々編集部は、この取材を通して振り返って見ると書き残したことがあまりにも多いことに気付いた。本来はその書き残した部分の全部を載せたかったのである。ところがここぞというところになると範士は口をつぐまれた。決まったように「僕はまだ若い。そのことは書かんでもらいたい」という言葉を繰り返される。

巣鴨で範士と親友であった冬至氏は三年前に故人になられた。中山氏も去年一月逝かれた。不思議なことに二人の命日が年こそ違え同月同日である。夫人は今年の一月三十日に前記の二人を思い出して心から冥福を祈ったと云われた。このようにして年と共に歴史の生きた証人が世を去ってゆかれる。幸いなことに楢崎範士は健康そのものである。やがては範士以外に歴史の傷あとを知る人がいなくなってしまう。我々はそのことを心配して率直に話してみた。範士の答えは「僕はまだ若い。いずれは君達に書いてもらっても良い時期があるかも知れないが…」

我々も範士の硬い口が開かれる日を待つことにした。

(未完)

第二章　楢﨑正彦先生インタビュー

人生至るところ道場なり　一太刀、一礼拝の心を伝う

人生至るところ道場なり
一太刀、一礼拝心を伝う

平成十二年九月二日、剣道範士九段・(財)全日本剣道連盟審議員・埼玉県剣道連盟会長の楢崎正彦先生が逝かれた。享年七十九。「人間形成の道・剣道」を唱導し、道を求むること秋霜の如く、他を教化すること春風の如き人柄は全国剣士に崇敬され、日本剣道界の至宝と仰がれた。今回、平成四年春に随聞筆録した談話を掲載して先生の遺徳を偲ぶとともに、御冥福を祈る次第である。尚、本文は楢崎先生生前の校閲を経ている。

(編集部・関根茂世)

〝星をつまんで月を食い
明ければ朝日を丸呑みする〟
そんな大きな呼吸の男がいる。
巣鴨プリズンに十年。死の影の谷から這い上がり、ひたすら剣の道を歩んできた、この真人は、剣を通して己を磨くだけでなく、後進の指導を忘れなかった。試練の果てに得た修養と教化の哲学を伺った。

(取材…平成四年二月。楢崎先生、六十九歳)

心正しからざれば　剣また正しからず

――先生は剣道範士、全日本剣道連盟常任理事としてご活躍ですが、お勤め先の伊田組（現・伊田テクノス）の社員の方に伺うと、「楢﨑先生はほかの人とは肚の据わり方が違う」というお話で……。

楢﨑　そう緊張せんでもいいです。私はごく当たり前の人間、ほかの人とちっとも変わりません。ことに私はしゃべったり、書いたりするのが不器用といいますか、自分の考えをよくまとめ上げる心得がないので、ありきたりのざっくばらんなものになってしまう。自分のいままでの生涯を振り返ってみると、もう少し何か器用なところがあったならばと思うこともありますが、生まれながらにこんな男でね。中にはこんな私を取材したいという人もいたけれどもお断りしておったんです。まあ、もう少し自分の人間性に自分自身が納得する時が来たなら、そのときはお会いしてもいいと思うけれども、まだまだ自分の心を磨くのが精一杯で。

――先生はこれまで剣道で人を育ててこられたわけですが、その教育の中で先生が一番気をつけていらっしゃることは何ですか。

楢﨑　うむ。剣道は強くならなくてはならないけれども、強くなるというのは、ただ打った、打たれたという試合での勝敗いかんではありません。剣道そのものが強くなるためには、まず心が正しく、強くなくてはいかん。剣の技術はその後の問題だね。心の正しさ、強さを忘れたら、むろん技術も伸びません。まずは心から入れということかな。

昔、島田虎之助という幕末から維新にかけて生きた剣術家がいましたが、その教えは、「それ剣は心なり、心正しからざれば剣また正しからず。すべからく剣を学ばんと欲する者は、まず心より学ぶべし」というものです。けだし至言ですね。これは剣道をやる者ばかりじゃありません。人間の普遍的真理であり、根本ですよ。

だから子供たちにも、剣道は強くならなくちゃいかんけれども、試合に強い人間になれとは決して教えません。心の広い人間になれと。生涯、剣道を通して、師友あるいは弟子の情を知り、ひとの人格を尊重し、理解できるような大きな人間性を持つ人間を育てるのが私の剣道指導の理念なんです。

―― 勝ち負けじゃないと。

楢崎　いまの子供たちはスポーツ偏重というか、極めて競技的に勝とうとばかりしていて、本当の心を忘れてます。剣道界でも本当に剣道を理解する指導者が中学や高校にいないんですよ。全然やったこともない人でも顧問や監督をやらされてるのが現実だから、指導の要領はつかめないし、方針だって立ちゃしない。私はときどき、国体で活躍した先生たちと会って、高校の剣道教育について相当議論してますが、やはりその問題にぶつかります。

戦後、戦勝国が剣道をスポーツとして認めたために、撓《しない》競技なんていうのができて剣道とは似て非なるものができました。体育、スポーツとしてね。いわば現在、剣道人が直面している問題はその戦後教育の後遺症であると言えるかもしれません。形式はスポーツだけども武道は違うんです。

―― 柔道、弓道、剣道など、いわゆる武道は、基本的に勝ち負けを超越したところに価値を置くようですね。

楢﨑　そう。そこに世界に紹介し得る日本文化の一つとしての武道の意味があります。武道が勝ち負けに走った競技的性質の運動になってしまったら武道ではないんです。いまが一番大事な時期で、私はここ十年くらいはこういうものに立ち向かわなくてはならんと思ってるんです。

サムライになれ

――先生は今年何歳になられるのですか。

楢﨑　今年七月一日が来ればちょうど古稀（七十歳）です。

――佐賀のお生まれとお聞きしておりますが。

楢﨑　私は大正十一年、佐賀県の玄海灘に面した唐津という焼き物の街で生まれました。兄姉七人の末っ子で、腕白な子供でした。

――剣道は、やはり幼少の頃から始められたのですか。

楢﨑　いいえ、小学六年生までは野球少年で、転任してきた剣道初段の先生に勧められて始めました。最初は好きでもなく遊び半分でしたが、上の学校に進むにつれ、のめり込んでいったのです。

ちょうどその頃に日華事変が勃発。世情は「満蒙開拓」の時代です。私は士官学校へ行きたかったのですが、父親はどうしても商業人になれと譲らず、商業学校へ進みました。でも夢が捨てられず、

▲楢崎範士の故郷は葉隠発祥の地（佐賀市金立町）

士官学校も受けてみた。ところが軍医に肺浸潤と診断され、体格検査で不合格。商業学校へ進めと言った父親も「そんな馬鹿なことはない」と残念がりました。父は日露戦争で金鵄《きんし》勲章を受けた軍人でしたからね。「いいとも、それじゃ、お前、サムライになれ！」と商業高校から剣道家になるべく国士舘に進ませてくれました。

――励ましつつ、好きな道を行かせてくれた。

楢崎　本当にありがたいことだね。私に剣道をやるきっかけをつくってくれた小学校の先生、そして父にはいまでも掌を合わせているんです。

大学に入った時分、ちょうど太平洋戦争が始まって学徒出陣。私は、まず久留米の士官学校へ行き、そこを卒業すると、大村の連隊へ見習い士官で着任しました。ところがすぐに中野学校要員として取られまして。

――あの有名な陸軍中野学校ですか。

楢崎　ええ。そこで一年の短縮教育の後、昭和二十年七月に西部軍司令部へ派遣され、そこで終戦です。ところが私にとっては終戦直前に福岡へ行ったのが因縁というか、運命ですな。福岡空襲の直後、B29搭乗兵のアメリカ人が西部軍内で処刑されるという事件がありました。参謀総長、捕虜参謀主任、法務官、少将、そうした人たちの立ち会いのもと、私もその事件にタッチしたのです。

そのために戦後、私は巣鴨へ送られ、B級戦犯の絞首刑を宣告されました。仲間に言わせれば責任者というところでしょうか。私はそれから十年ばかり巣鴨プリズンにおりました。

――十年⁉

楢﨑　昭和二十二年に入って、三十二年に完全釈放でした。釈放決定権は戦勝国が持っていましたが、三十年ごろから待遇面については日本政府に移管されましたから非常に楽だったです。

木曜日の靴音――巣鴨プリズン十年

――楽と言われましても…。

楢﨑　絞首刑の判決は昭和二十三年十二月二十九日の第一法廷で下されました。当時、私は二十六歳。それからの二年間は死刑囚としての生活でした。

――独房ですか。

楢﨑　そう。毎日、死と対決し、死の中に生活してました。あそこから出されて、みんなと一緒の生活になれば、普通の人と同じ心持ちで暮らせたでしょう。しかし、あの二年間ばかりは、確かに……。

独房では気が狂って自殺する者も出てきまして、当局も一人で置くのを懸念したのでしょう、途中から二人制になりました。

――その二年間はいつ刑が執行されるか分からない状態だったのですか。

楢﨑　分かりませんでした。急に、突然、来ます。『まだ私は後だ。先に裁判を受けた人間がまだ執行されてないから大丈夫』なんて思ってると飛び越えてくるからね。そういうとき、あわてちゃ困るでしょう。

――いつ知らせが来ようと決してたじろがない覚悟をしておく。

楢﨑　木曜日に呼び出しがあり、金曜日に執行。木曜の晩になると、もう獄中全体が水を打ったように静まりかえります。死刑囚の監視は灯りを消さないから、小さな裸電球がともっていて、私はその光を借りて遺言書を書き改めました。毎週、毎週、書き改めました。

静かな廊下に四、五人の靴音が、コツコツと響きます。『ああ、呼び出しだ』誰もがそう思うのです。黒い一団が、自分の部屋に一歩一歩近付いて来る。『ついに来たか』と思いきや、彼らは部屋を通り過ぎる。そんなときでさえ、自分が疑い深くなってるんですね。『いや、間違って引き返して来やしないか』なんて考えたりする。

しばらくすると、どこかの扉が開く音が響きわたり、囚人は重い足取りで、「さ・よ・な・ら」とさり気なく言って通り過ぎていく。二年間、そういう生活をしていたからでしょうか、いつの間にか『いつでも来い』という肚ができていました。

――もうすでに一度いのちを捨てたようなものですね。

楢﨑　一度というより何度もです。自分の部屋の扉が開けられ「荷物を持って出ろ」と言われて、『いよいよか』と覚悟して部屋を出たら部屋替えだったこともありました。

囚人の中には、「日本軍人は俎《まないた》の鯉だ。ジタバタしねえんだ」と大見栄切っていた人もあったけれども、内心はびくついていたようです。私は私で、『極東軍事裁判は何で成立するのか。連合国側の報復でしかないじゃないか。首を吊られるまでは戦争だ。オレは巣鴨の中で戦い続ける』と肚を決め、我々死刑囚は裁判のやり直しを計画しました。

――獄中でですか。

楢崎 いろいろやりましたよ。例えば、紙縒《こよ》り作戦なんていうのがありました。紙片に文章を書いて、監視に見付からないように投げ捨てておいて、一週間に一度掃除にやってくる作業員に紙縒りを拾っていかせる。

文章は裁判の理不尽を追求し、裁判のやり直しを要求するものでした。この裁判はみな拷問によってやらされた報復裁判にしか過ぎない。こういう裁判をこのままにして戦争犯罪人と烙印され戦勝国の一方的な報復裁判を受けるのはたまったもんじゃない、といった内容です。

終身刑以下の人たちの中には、中野学校出の人もいたけれども、自分の肌にタバコで火傷をつくり、「これは調査官に拷問を受けたんだ。その拷問により、我々は口供書を書かされた。この裁判をもう一度やり直せ」と、こうした運動までやってくれました。そうした方々のおかげで、再裁判にまで持ち込むことができたのです。しかし、形だけの裁判で、原審どおりとの判決が下されました。しかし、執行の時期がその分だけ延ばせたのは事実でしょう。

そのうち昭和二十五年六月二十五日の三十八度線突破で朝鮮動乱が始まりました。これを契機に、アメリカの戦略がガラッと変わりました。「日本が東洋のスイスなんていう戦時行政では駄目だ。日本国憲法で軍隊は放棄したけれども、共産党の防波堤として警察自衛軍をつくれ」と動き出し、巣鴨では死刑は終身刑に減ぜられ国民世論をそらせました。このとき私も終身刑に減刑されたのです。

――しかし、減刑されても終身刑。

楢﨑 昭和二十六年四月に減刑になり、以後四年くらい終身刑。総じて二十六歳から三十五歳まででした。

――青年期のほとんどすべてを死刑囚、終身刑囚として。

楢﨑 ……。東条以下六十九名の刑が執行された巣鴨。こういう過去をマスコミが取材したいと言ってくるけど、みんな断ってます。いまさら、私個人のことを言ったって、しょうがないじゃないですか。

衆議院衛士訓練から伊田組へ

楢﨑 完全に社会に出て就職したのは、昭和三十二年でした。衆議院事務局へね。当時の事務総長が剣道六段で、その人が安保条約の時期、衆参両院の衛士連中の活気を剣道を通して取り戻そうとしたんです。総長は私に、道場も造るから衛士の剣道の指導をし、精神的にも肉体的にも衛士として多難な時期に間に合うだけの練習をしてくれと。そこで二年ばかりやりました。そこへ先般亡くなられた伊田組・伊田勘三郎前社長が私を迎えに来ました。彼は国士舘の三期後輩で、やはり剣道をやってました。私はよく覚えてなかったけれども、彼は後輩で学校時代に鍛えられたことを覚えてくれていたんですね。私巣鴨を出た時分から社長はいろいろの人を通じて、三回、四回と、それは熱心に私を自分の会社に誘いに来ました。

「剣道は優先させる。自分は身体を病んでるし、オリンピックを前にして建設業は忙しくなる。そんな中、先代の築き上げた基礎だけは潰さずに伸ばしたい。それにはやはり身体が健康で頼りになる先輩が欲しい」

それは熱っぽく言うんです。中には口の悪いのがいて、「あの先輩を連れてきたら、容易じゃあねえど。会社だって乗っ取られちゃう」なんて言ったらしいが、社長はそんな声は聞かなかったようです。

――心から信頼されてたんでしょう。

楢崎　その心を聴いてこちらへ来たんです。

まあ、私が決心する時点で、楢崎の剣道を都落ちさせるのは惜しい、中央においておきたいというありがたい声もありましたが、保証人だった衆院の事務総長はそれだけの事情があるならば致し方あるまい、と納得してくれました。

一太刀、一礼拝――肚で見、肚で考え、肚で断ず

――ところで、先程、先生は剣は心に帰着するとおっしゃいましたが、正しき心を得るにはどんな工夫をしたらよいのでしょう。やはり、それには呼吸法なども影響しますか。

楢﨑　そりゃ、もう、呼吸法というのは人間の全てですよ。この文明社会の中、神経過敏で自意識過剰、神経衰弱に心身症といつもイライラ。あっち見、こっち見、目はいつも落ち着かない。そういうときに丹田式呼吸法―長呼吸でぐっと肚で吸い込めば、それだけ気が肚の下へ落着くからモノが見えてきます。

――肚でモノが。

楢﨑　見えてくるだけじゃなくて、肚で考えを決着する。人間の頭だけでの知能や知識なんていうのは浅はかなもんです。肚でモノを見、決断すれば、失敗しても後悔しないね。後悔するようなことをしたときは、大低頭だけで急いで考えた勇み足が原因です。

――肚で考え、肚で決める。

楢﨑　そう。人間の基本は肚の据わりですよ。心の据わりだな。まあ、心というのはコロコロ動くけどね。やっぱり、それを自然に肚の底に納められるような呼吸をしながら、整えていかなきゃ。そりゃ苦しいですよ。単に呼吸法と言ってもホントに苦しい。すぐやめたくなる。しかし、日常茶飯事の中で自分で努力しているうちに、自ら開けてくるし、分かってくるね。

人生、至るところ道場です。職場でも電車の中でも道場、その中で呼吸を整える習練が大事です。落ち着いてくる、だんだん人間が。見えてくる。ビクビクしなくなる。何が出てこようとグっと据わるもの。それからでいいよ、ということになるからね（笑）。

道場でも、そういうふうな修行の縁を与えようと思って、子供たちに教えてるけれども、なかなか

埼玉
楢崎

分かってくれません。目先のことに頭だけで急ぐから。道場では子供たちに三分でも五分でも正坐させて、肩の力を落とし、腹式呼吸をやるように、そういう習慣をつけさせてます。

――そうした習慣を子供たちが持つ縁を与える。

楢﨑 そうです。だから指導者たるものがいい加減で中途半端じゃいけません。昔の人の教えでも、仏像彫りはひとノミ彫っては三回祈りを捧げて、またひとノミ入れちゃ、また祈りを捧げて、そして完全な仏像を仕上げるというのがあります。一気にパッパパッパと拵《こしら》えなかった。剣道人も、相手は生きてるんだから、一太刀真剣で打ったら、それに対する礼の心を忘れんで、一本に真剣勝負のつもりで向かい、そこに人間としてのまじめさをつかんでいかにゃいかん。こういうことをこれから子供たちに教えなくちゃね。ただ打ち合い、たたき合い、そして当たった、旗が上がって勝った、優勝した、万歳と喜ぶような子供になってもらっては困るんです。

そう言うと、人はいやがって逃げるよ、と言うけれど、いやがって逃げないように、それについてくるような与え方をして育てなくてはね。

――難しいですね。

楢﨑 そこが指導者の熱意、情熱ですよ。子供が試合で負けたからといって、親が叱るようじゃいかん。「いい負け方をしてよかったな」、「堂々としてたよ」と言うぐらいにして、後に望みを持たせるような教育をしなくては。私もこの歳であっちの道場、こっちの道場と頼まれて各地へ指導に行って五年ぐらいになるけれども、ある人が「四十何年か稽古をやってきたけど、飽きが来て、いつも同じことを叱られて一生終わるかと思ったけれども、楢崎先生に二年間ばかり一所懸命指導していただいて、剣道に対する自分の姿勢が変わりました」と言うんです。実際にその人の稽古を見たら前と違ってきてた。「いい剣になりましたな」と私が言ったら、その一言がとても嬉しかったというんだな。それからその人は剣道への自分のチャンネルがパッと切り換わりました。やはり、情熱を持って指導しなけりゃ人はついてきません。

――何についても言えるんでしょうね。

楢崎　ええ、何でもそうです。だから、これでいいのかな、ああすべきなのかなといった自信のない中途半端な教え方をしてるから、ついていかなくてはならん者までフラフラする。これはこうだよ！と言って訴えるような強い信念で指導していけば、自然と心も技も伝わります。それにはそれだけ自分が修行し、しっかりしたものを持たなければ打ち込めません。その辺が難しいところですね。

肉体は生命のふろしき――太陽を呑み込む呼吸

楢崎　いま剣道が真剣でなく竹刀だという考えを持つと、棒振りダンスになっちゃうんです。いくら竹刀であっても真剣で勝負だという気持ちでないといかんです。竹刀は刀です。それ故に竹刀も大事にしなくてはいけません。

――いまの剣道教育ではそうした面が欠けているかもしれませんね。

楢﨑　昔、秩父に高野佐三郎という先生がいらっしゃいましたが、ああいう方の本を読むと、やはりいいことが書かれてます。

――例えば、どのような。

楢﨑　子供の教育という点では「杉と楠」の教えは分かりやすくていいんじゃないかな。杉というのは育ちが速くて、スーッと格好よう伸びていくけれども、根が深くないからちょっとした風が吹くと折れたり、根こそぎ引っくり返る。いまの子供も身体はスクスク伸びて格好はいいんだが、すぐに風邪ひいた、骨を折ったという。忍耐力もあやしい。

楠は一寸上に伸びれば、一寸根が張る。一尺伸びれば、一尺根を張る。人間の精神も楠の根のようであってほしい。子供たちは杉のようにヒョヒョロ伸びるよりも、楠のように上にも伸びれば、精神である根を地下に深く張るように育てなくてはいかん、そんな教えです。

子供の教育も昔と随分と違ってきているように見えますけれども、やはり肉体は基本です。この文明の発達した成熟社会であるからこそ肉体の鍛練を忘れてはならないと思います。肉体というのは生命のふろしきです。宇宙エネルギーを人間エネルギーに変える、宇宙生命を人間生命に変えていく、その容れ物です。この肉体の能力を知らない人が実に多い。強い生命力をつくるには、強い肉体がなくてはならないのです。頭だけで偉くなろうとか、金儲けをしようなんて、考えだけが先走り、肉体の鍛練を軽視する傾向があるけれども、人間は肉体が弱ければ生命力が弱くなり、小智にとらわれるのがおちです。肉体の機能が活発になれば、脳細胞も活発になる。その基本的な肉体に、いま人間は帰らなくちゃいかん時です。人間は自分の肉体の能力を半分も使っちゃいませんよ。

――人間生命のふろしきを使い切れてない。

楢崎　とにかく身体を使わにゃ、いくつになっても。全身で呼吸するような心持ちで身体を動かし、皮膚細胞の活性化を図りながら毎日鍛練していくことですな。教育もこうした身体の鍛練や精神修養をもっともっと生活の中に組み込んでいけるようなものにせにゃいかんです。人間は呼吸法によって宇宙エネルギーに感応し、人間生命に変えていく。これは大自然の作用で、それを素直に受ければ、永遠に突き抜けていく生命力を得られる。この生命力を蓄えていくというのが私の思想なんです。

宮本武蔵は強かったでしょう。どうして強かったか分かりますか。

――はあ、それは……。

楢崎　武蔵もやはり自然の中に生きる道を求めていったからなんだね。戦国時代、関ヶ原の戦いで負けて、家にも帰れず、山野を歩き、風に当たり、岩に寝て、星を見、月を見て、自分自身を磨きに磨き抜いたところに武蔵の強さがあるんです。私はそう思ってる。自分の足で山を歩き、自然の中で己をつかんだ者でなければ『五輪書』なんていう書物は生まれません。

いまはといえばドア・ツー・ドア、自然の深さというか厳しさを肌で感じ得てないんだよね。人間は自然に通ずる本当の強さを持たなくちゃ普遍的な真理に近付いたとは言えないな。

――やはり自然を肌身で感ずる生活をした方がいいんですね。

楢崎　春夏秋冬、日本の四季は伊達じゃない。そこには生命の謎がある。春には春の気を自分のものとし、夏には夏の気を取り込む。そうした気を自分の体とし、いかに自然と感応していくか、そこが問題だ。こういう日常が人間をつくっていくが、それだけではまだ不十分。個の修行、錬磨だけでは足りないね。個の人格形成と社会形成の接点を求めていかなくては。その接点は必ずある。ただ修行修行とごまめの歯ぎしりじゃいかん。後進の指導を怠るようでは生涯剣道人としては失格だな。

――なるほど。修行と教育、片手落ちではいかんと。

楢崎　私の場合は朝四時半に起きて、空に月が出てれば月を呑み込み、星が出てれば星をひとつずつ吸い込んでやる。それを腹の中に入れる。太陽が出てくれれば、朝日を呑み込んでいく。

――見るのではなく呑み込む⁉

楢崎　ああ。そこに呼吸の大きさが出てくる。そういうもんだよ、人間つうのは。

――スケールがでっかいですね。

楢崎　腹の底から吸い込んでいけば、宇宙エネルギーは身体の全機能に万遍なく行き届く。そして乾布摩擦で皮膚呼吸、全身呼吸だ。各細胞を目覚めさせ、生命力を注ぎ込んでいく。そういう朝で始まれば一日は生き生きとしたものになっていく。そして、そこに感謝の念が出てくる。感謝の気持ちがあれば怖いもんはないな。へこたれることもないよ。感謝の気持ち、生かされてると思えば。

――生かされて生きる。

楢崎　感謝の念あるところに希望と明るさが生まれてくる。そういう活力や情熱や信念を持って子供に接していけば、子供も分かってきます。

剣道でも、まずは気を養う。遠間から一気に斬り込める気です。それを養うと同時にそれに耐え得る心身の力、これを指導者は引っ張り出してやらなくてはいかん。子供たちの中には自分が疲れるとすぐに蹲踞《そんきょ》して「ありがとうございました」と勝手に終わりにする子がいる。そこを「先生がいいと言うまで来い！」と打ち込ませ、やれやれと腰をおろしたところへもう一発「死にゃしない！」と鍛え上げる。フラフラになって打ち込んでいく面、この面こそ自分のものです。で、稽古が終わると頭を撫でてやるんだ。

――よくやった、と。

楢﨑　子供たちも強くなりたいという気持ちを持ってる。余計なものの混ってない素直で明るい笑顔が返ってくる。指導者はそこまで接してやらなければ本当に強くなる教育はできないな。そこに真の強さと粘りが養われてきます。

明鏡止水の心もて事に当たらん

――最後に先生が試合に臨まれる際の心構えを教えていただきたいのですが。

楢﨑　やはり、それは何と言っても平常心でやるのが一番いいでしょう。力を持っていても恐怖や焦燥でやっていると、モノが見えないから無駄に動いたり、不用心なところを打たれたりします。

この平常心は自分で練り上げた呼吸法が基本です。しっかりと構えていると、相手の心が見えると

いうか映ってくる。見えてくればその先を打てばいいんですから。やはり、相手の心が自分の心に映るようになってこなくてはいけない。心が常に明鏡止水で曇りがなく、いわゆる妄心がなければいいです。

ところが、なかなかそうもいかない。心には本心と妄心とがあります。妄心というのは氷みたいに固まったやつで、妄想の心。そういうのが心にあるうちは身体がいうことをききません。ぎこちなくてね。それを呼吸を整え、清流の気持ちで明鏡止水の無心でやれば打った技は相手に先んじる。呼吸でもって下半身がリラックスしてるから速いし伸びる。恒心、平常心というのがあれば勝てます。これがないと試合をする以前からもう負けてるんですよ。だから、試合に臨むのに平常心、こいつが一番大事です。

―― 試合といえば先生はこれまで多くの大会で優勝されていらっしゃいますが、昭和五十二年の第一回明治村大会での優勝は見事でしたね。

楢﨑 あの大会では、全国から三十二名の八段が指名され、試合が行われたんですが、選手のほとんどが警視庁や大阪府警、県警の師範でした。私は伊田組で一社会人。何番で選ばれたか知りませんが、恐らく三十一、二番だったんでしょう（笑）。あのとき、会場に行っても優勝しようなんていう気持ちは全然ありませんでした。参加することに意義ありでね。ところが優勝しちゃった。でも、試合をやってみて彼らが優勝する力を十分に持ちあわせてるというのはよく分かってました。警視庁でも大阪府警でも、選手はみな優勝の域にいる。だが、彼らにはなんとか優勝カップをという意識がある。私にはない。ただこれだけが違ってました。自分としては彼らが剣道の技術でくるなら、私は肚で受けてやる。肚と技術ではどちらが勝つか、ここでケジメをつけようじゃないかと、ジタバタすることはなかったです。

でも、ホント彼らは技術的に素晴らしいものを持ってますよ。我々の何倍も稽古してるしね。こっちは週に三回くらい。ところが優勝したのは私なんだから、自分でもビックリだったけど、周りの人の方が驚いてたようでした。ただ、この優勝を全国の実業人たちが見て、俺たちもやればやれんことはない、と意気あがったことを後で聞いてとてもうれしかったです。

でも、人間が自分で足るを知るところまでいくには、それは大変な修行が必要です。人間の意識から力みがなくなるまでになるにはね。人間は何かしら力みがあるんだよなあ。知らず知らずの力みがある。そういうものが自然になくなるには、まだ道は遠いですな。

第三章　岡田茂正範士・楢崎正彦範士対談
二分三十秒の偉大なるドラマ「面をつけたら真剣勝負」
（昭和61年第34回京都大会戦い終えて）

本誌では3月号から4回にわたり「楢崎の面」を連載してきた。その最終回の原稿を書き終えた頃、楢崎範士に京都大会での対戦相手が岡田茂正範士に決まったと聞いた。岡田範士は先に行なわれた明治村剣道大会で、その動じない試合ぶりについて本誌でも絶賛したばかりである。その岡田範士のいうところによれば、「普段は仲の良い二人だが、面をつけたら真剣勝負。容赦はしない」。

そう聞いた時から編集部では、この一戦に大いなる興味と期待を抱いた。しかしてその立合は我々の期待通り、今大会最高の内容だったのである。そこで戦いを終えた両範士にその試合内容から大会前後の心境に至るまでを、本音を混えてユーモアたっぷりに語っていただいた。たった二分三十秒の戦いだが、そこにはさまざまなドラマが凝縮されていたのである。

（構成／本誌編集部）

楢崎正彦《ならざきまさひこ》範士

大正11年7月1日、佐賀県唐津市に生れる。64歳。小学校6年のときから剣道を始める。唐津商業から国士舘専門学校にすすみ、斎村五郎範士をはじめ小野十生、小城満睦、堀口清、小川忠太郎等の先生方から指導を受ける。学徒動員のため繰上げ卒業し長崎の大村連隊入隊。久留米予備士官学校、陸軍中野学校で教育を受け西部軍司令部に配属。終戦後、戦犯として約10年間巣鴨生活を送る。現在全日本剣道連盟理事、埼玉県剣道連盟常任理事・審議委員長をつとめる。第1回明治村剣道大会優勝。株式会社伊田組副社長、剣道範士八段。

岡田茂正《おかだしげまさ》範士

大正10年6月16日、元満州大連市に生れる。66歳。父正美氏の影響で幼少時から竹刀を握る。小学校まで満州で過し中学は熊本の九州学院に入学。それから郁文館高校を経て拓殖大学武徳科にすすむ。高野武範士（神奈川）と同期である。昭和36年から富山県警察本部剣道師範、同43年から警察大学校剣道教授、同50年から関東管区警察学校剣道主任教授兼警務術科教官室長を歴任。全日本都道府県対抗、国体、明治村大会などに出場。錬正館岡田道場館長、剣道範士八段。

岡田　僕はこういうマスコミに載るのはあまり好きじゃないんですよ。だから今回、この話が編集部からあった時も「剣道はこうやるべきだとかね」そんなことは私には言えないぞ。まずそれを承知しておいてもらいたい。その上で楢崎先生が引き受けるなら私も異存はない。そして楢崎先生も私が引き受けるなら…とね。お互いに言わず語らずでしたね。

楢崎　しかし、岡田先生は剣道界の先輩。打太刀ですからね。やっぱり仕太刀は打太刀に従って事を起こすわけだから…。

岡田　いや、仕太刀は強いんだよ。勝つんだから（笑）。

楢崎　いやいや、勝つことを教えてくれるのが打太刀ですからね。仕太刀はこうして勝つんだということを教えてもらってるわけですからね。

今回の話は編集部から「いい試合だったから取材したい」といって我々に要請があった。そう言われれば、もちろん気持ちとしては嬉しいですけどね。だからといって我々が応じたというわけではない。試合そのものも反省の気持ちが多い内容だったと思います。その反省を生かすために、仲のいい二人の間柄で、京都大会での心境を聞きたいということなら…ただそれだけなんです。

岡田　まあ、いくら仲が良いといっても試合になればお互い絶対に妥協しない。

楢崎　真剣勝負ですからね。

岡田　そうそう。しかし楢崎先生との対談はいいよ。格好つけなくてもいいからね。

楢崎　いや〜、私の方が分が悪いですよ。

岡田　どうして？

楢崎　心臓が弱い（笑）。

岡田　何を言ってるんだ（笑）。心臓は巣鴨でできてるはずだよ。

楢崎　巣鴨心臓ですか（笑）。

出会いは東京剣道祭
胸襟を開いた仲になる

岡田　あれはまだ我々が教士八段になったばかりの頃…、今から十数年前ですね。東京剣道祭で組み合わせになった。それが二人の最初の出会いだったね。当時、既に楢崎先生の高名は聞いてましたよ。しかし試合をやるのは初めてでしょう。見事に突かれちゃってね。「ウ～ン、これはやるな、ヨ～シ、今度はこっちが…」と思ったら、またパーンと面を打たれてそれで時間……。私は剣道を職業としてたでしょう。これはもう専門家の中でも過去に私が試合をして、こんなに骨のある人はいないと思ってね。それから胸襟を開いて仲良くなった。そしてそれ以来ずっとお付き合いしていますが、私が一つ年上だけに兄貴分としてよく立ててくれている。ありがたいね。

それにしてもまぁ、あの時は見事にやられちゃったな（笑）。しかしあとでよく考えてみたらね、東京都剣道連盟から昼食時には幕の内弁当が出されるんです。が、楢崎先生はその時、奥さん手作りのおいしそうなお寿司を食べてたんだ。考えてみたらその差が出たんだとね（笑）。だから「来年からは連盟の弁当を食べろ」と言ったんです（笑）。当時のことを想い出すと、そういった笑い話もありましたね。

楢崎　そんなたいした弁当じゃないんだけど、あとで私のところへ来てね、「私は弁当の差で負けたんだ」という（笑）。

岡田　それが初対面。

楢崎　本当にそれまで知らなかった。岡田先生は歯に衣着せないけども、会った瞬間にこう〝パッ〟と直感的に開ける人なんですよね。個性的に非常に素晴しいものをもっておられるから、みんなが慕うわけですよ。私もその中の一人で剣道歴からいえば大先輩ですからね。

岡田　いやいや、年だけだよ。年が一つ上なだけだよ（笑）。私もいい剣友を得たと思ってます。本当に腹を打ちわって話ができる。二人っきりになると、「オイ、岡田」、「オイ、楢崎」と呼び合う間柄ですよ。そうしてお付き合いしているうちに再び東京剣道祭でぶつかりましたね。その時もとても気持ちのいい試合をしましたよ。それから埼玉の解脱会では2年続けて模範試合をやっていますね。

楢崎　去年と一昨年ですね。

岡田　お願いするたびに楢崎先生には味が出てくるね。先生はよく稽古されている。もちろん私も稽古していますが、やはり稽古のつかみどころが違うんです。そういう意味ではとても勉強になります。だから東京剣道祭で突かれて打たれたという出会いから始まって今日まで、先生と試合するのは非常に楽しいんです。さっきも言ったようにもう兄弟分の付き合いですからね。しかし面をつけたら、こっちは「この楢﨑」と思うし、先生も「この岡田」とくるからね（笑）。

楢﨑　その辺の迫力が最近、剣道に〝地〟で表われてきてますよね。管区にお勤めの頃は、やはりその立場上、毎日が剣道生活だったろうと思います。が、お辞めになって、自分の時間から自分の剣道を生み出すまでの心境の展開というのは素晴しかったですね。その後の東京剣道祭での試合っぷり、去年の京都大会での試合っぷりから今回の明治村剣道大会（三月二十三日）の一回戦、二回戦を目のあたりに見たとき、本当に〝地〟のままの稽古っぷりが出てるなぁと感じました。そこには飾り気がなく歯に衣着せないだけに剣にも化粧をしない人だなぁということが、この二、三年でしみじみと感じられて尚、身近に私から求めているわけです。決して器用な剣道家でもないようだし、小手先をうまく世を渡る人でもない。剣道そのものが生活そのもののような気がします。

だから今回の京都大会の組み合わせも東京剣道祭や解脱会の模範試合とはまた違って、いわゆる年に一度、修行の真価を大先生、先輩そして大勢の剣道家の前で見てもらう大会だけにね……。ましてや最近の心境を思うと、緊張は隠せませんでした。それだけに普段の人柄も知り合ってるし、剣道もやってますから、こういうと先生に叱られるかもしれませんが、気持ちの上では非常に楽だったですね。一年にたった一度、二分か三分の試合ですから、誤魔化しはできませんし、見る人の目も本物ですからね。

岡田　楢﨑先生は非常に骨っぽい、筋のある正しい剣道家ですからね。しかし稽古はお互いやったことがない………。すべて試合ですね。とにかく死中に活を求めるといった剣道ですね。小手先の剣道じゃない。生死の分れ道に入っていって、そこで生きなくてはなりませんからね。もし生きそこなった場合には立派に成仏する……。そういう剣の持ち主だけにいつお願いしても気持ちの良い試合ができます。だいたいトータルすると、四分六で私の方が分が悪いね。

楢崎　いや、そんなことないですよ。

岡田　いやそうなんだ。そういう剣の持ち主だからこそ私は楢崎先生に試合をお願いして、私は私なりに先生になにかを求めているんですよ。楢崎先生は副社長（株式会社・伊田組）、私は道場主（錬正館）で職業は違うけど、一日の生活サイクルが似てる。朝早く起きて楢崎先生はジョギングをやっておられるが、私は2年前からウォーキングをやってます。4kmないし5kmの距離を競歩です。競歩よりちょっとスピードが落ちるかな……。雨が降ったら傘持ってね。そういうところが似てますね。

楢崎　これはその辺の人が行なう尋常一様のウォーキングと違って、やっぱりそこには何かを求め、何かに結びつけようというものですから全然その価値が違いますよね。だからここ一、二年の試合ぶり、さらに明治村大会での先生の戦いぶりなどを見ると、足の出がすごくいい。足の出は攻めの気持ちとそれが一致しなければならないと思います。逆に気持ちだけあっても足が出なければ攻めにならない。その点、先生は気の攻め、体の攻めともにすばらしい。

先生は表で試合をやれば分が悪いなんて言ってますが、私はまだ若いんですかね、気の面では私の方がもっと勉強しなくちゃいかんなと感じています。そうでなければ、私もこんなに岡田先生のところに近づかなくて済むんですけどね。その辺りのことを求めようとする気持ちがあればこそ、東京へ出てきた帰りにちょっと立ち寄って話をするんです。

岡田　こちらに来られるのは月に一度くらいですが、そういう時にはもう〝剣道談義〟だね。そして話を聞いていると、求めるところが必ず心の問題にいってますね。今、剣道時代に「楢﨑の面」が連載されていますが、それ以前に楢﨑範士の面には定評があるということはみんな言ってました。私も先生の面は巣鴨でのあの生活の時に作られたものだと思ってました。いつ死刑が執行されるか分からない……、初めは確かに迷ったでしょう。しかしそのうち腹がすわってきた。すなわち生死の分れ道の問合、そこで勝負することが剣道では一番大切なんでしょうね。そして生死の分れ道で打つ機会においで敢然と出ているからこそ、ああいった捨て身の面が打てるわけですよね。いわゆる「楢﨑の面」は生死を包含したところから出発していると思います。

楢﨑　いやいや……。

面をつけたら真剣勝負
相突きしかない極限まで攻め合う

楢﨑　ところで今度の二人の試合ですが、一般の人の見方ではあまり打ち合わないんじゃないかということだったらしいですね。ところが始まったら、いやいやどうして足は出るし、攻めてるぞ（笑）。

これは二人ともやる気十分だなと……（笑）。

岡田　ワッハッハッ。それはもう面をつける前から燃えてますからね。

楢崎　さっきも言ったように真剣勝負ですよ。

岡田　私はね、楢崎先生の腹の中に入ったんです。やっぱり腹と腹との問答ですから、それに対してどう応えてくるか……。しかしなかなか……、こっちも答えを出さないからね。

楢崎　そう簡単には答えは出ないですよ。

岡田　「よし、それでは」と、もう無形ですよ。

楢崎　今度の試合は二分三十秒くらいの間にだいたい四本くらい技を出しましたね。僅かの時間内に真剣勝負をしているわけです。先生が言われたように死中に活を求めるというのは、もうギリギリまで攻め込まないとね。中途半端な間合から打ったってそれはもう無駄技になるばかりですよ。それがどこまで耐えられるかというと、結局、中締めの付近まで入り込むしかない。そしてそこまで入ればもう何かしなければならないわけです。しかし先生の心はそこでも動じない。いわゆる巌の身というのかな……、もう無心の境地です。

岡田　そこが辛いところです。

楢崎　おそらく「あんな近い間合で……」というようなことを言われた人がいると思います。しかしお互いが微動だにせず、動いたら斬ってやるという気持ちで臨むと、もうあそこまで入るしかないんです。とにかく小手、面じゃない相突きの気持ちでギリギリのところまで攻め合ったんです。

岡田　それがタメなんですよね。タメとか我慢とかいうのはいわゆる打ち込むためにあるんです。

楢﨑　あそこまでいって居ついているとやられてしまう。やっぱりあそこまでのタメがギリギリの線ですからね。あそこで〝じゃあ〟と言って一旦、元の間合に戻ってやるわけにはいかない（笑）。するとしばらくして先生の竹刀が〝パパッ〟と閃きました。私はそれまで竹刀を全然動かさない。静止させている。ところが先生の方から先に火花を散らせてきた。あの威嚇に私の方が先に小手に動かされました。先に出ざるを得なくなった。あの〝パパッ〟がなければ、私ももっと頑張れたんですけど（笑）。だから技は出したけれど、心で抑えられているから通じませんでした。

そのあと元に戻って試合再開……。するとまたグッ、グッ、グッときて再びギリギリの線まで来てしまった。そこで私が思い切って突いていった。ところが竹刀が細身だった。突きというのはある程度竹刀が太いとまとまりがよくていいんだけど、握りが細いと剣先が揺れてしまう。結局、外れてしまいました。すると次の瞬間、逆に岡田先生の石火の突きが〝パッ〟ときた。咽喉ではなくて肩の辺りだったけれども、手の内の強さ、気力の強さ……その石火の相突きに肩がえぐられたような感じがしました。それで思わず二、三歩つま先で退った……。あの時の先生の突きは凄かったですね。

岡田　しかしそのあと見事な小手を打たれたね。

楢﨑　いや、とんでもない。あの時は先生が〝グッ〟と圧力をかけてきて、さらに〝グッグッ〟と攻めてから面にきた。意表の面でした。その瞬間はもう小手しかなかった。胴もなかったしね。だけどあれはすり上げなら入ったかなと思いましたが、払ったからどうかなと思ったんですが……。

▲微動だにせず〝動いたら斬ってやる〟という真剣勝負。鎬を削る戦いは観る者をハラハラさせた

岡田　あの小手は本当に見事だった。敵ながらアッパレだよ。もう腕を斬られるような小手を打たれたね。「ウ～ン、やられたな……」と思ったけど、「まいった」とは言えないし（笑）、しかしあとの態度が悪かった（笑）。手を出してあっちに行けという態度を示した（笑）。「そんな打っておいて戻れとは何事か、無礼じゃないか」と試合が終わってから言ったんですよね（笑）。

楢崎　そうじゃありません（笑）。あれは「お控えなすって」という先輩に対する仁義です（笑）。しかしあそこじゃどうにもならない。あそこで居ついてるくらいならもう死に体ですよ。

あれはね……、「俺は打ったぞ、俺も打ったぞ」というお互いがウ～ンと残心を誇示しているんですよ。そして間が切れないから、しびれを切らして仁義を切ったわけです（笑）。その仁義を「お前はあっち行け」と言ったという（笑）。しかしこれも二人の間柄ゆえに言い合えることであってね

……。

岡田　ウン、ウン。

楢崎　それで私はこの話を京都を離れるまで言われてね（笑）。

岡田　この話を七段の審査場の控室で話したらみんな大笑い。すると中には「岡田先生、楢崎先生のその手は右手だったか、左手だったか？」と聞く人もいて、さらに「ここじゃもったいない。これはひとつ舞台でやってくれ」って言うんです。「でもノーギャラじゃ話せないぞ」とね（笑）。

楢崎　いや～、あれは愉快だったね。そういう自分達の剣道をあとで振り返ってお互いにいろいろ話すということもなかなかないですよ。照れてしまって聞くことも聞けない……。どうだったかなと疑

心暗鬼でね。相手の心も暗中模索のうちに終わったという試合も多いですからね。

そして再び元へ戻って、正中線上で真正面から破りたいと思ったら、先生の方が〝グッ〟と抑えていてね……。一つ機会があったらと思っていたけど、先生の剣先がなかなか中心を外れない。しかし「このままではダメだ」と自分で気力を充実させて、全身全霊、目をつぶって真っ向から面に跳び込みました。しかし先生の気位の風圧に返されて、竹刀は面金に止まってしまった。その次に私が小手から面にゆこうとしたら、先生が小手から乗られた面を打たれて終わりでしたね。

戦いを終えてみると、あらためて先生の気位の大きさというものを感じました。厳の身、不動の心ですね。さらに攻めに切れ目がない。どこにも緩みがない。かといって力んでいるわけでもない…。これは大変勉強になりました。すべてが自然でね。姿、構え、どれをとってもいいなぁと思いました。

岡田　あらためて握手をしようや。しかしこの握手は「またやるぞ！」という握手だからな（笑）。

楢﨑　今までに東京剣道祭で2回、解脱会で2回、今度で5回目ですね。まあいつの日か巌流島で結着がつくでしょうが……。

岡田　俺は舟で逃げるよ（笑）。

楢﨑　まぁ、元気に足の動くうちはやりたいと思います。

岡田　しかし我々は最初にも言ったように腹の問答を立ち会ったときにやってるわけですよね。

楢﨑　そうですね。そういう点では気持ちの良い試合をお願いできたと思っています。京都大会は一年間の修行の成果を皆の前に披露する。そこには嘘があってはならない。いいかげんであってはならないと思います。二分半の間に真剣勝負やろうという気持ち、これは容易じゃないですよ。

岡田 今後、二人の組み合わせは何回となくあるでしょうね。京都大会、東京剣道祭と年2回というわけにはいかないでしょうが、まぁ相当数ぶつかるんじゃないですか……。楽しみですよ。本当に楽しみです。私は楢﨑範士と出会って生きがいを感じたよ（笑）。

楢﨑 それはオーバーですよ（笑）。

岡田 最高の剣友であって、最高の剣敵だな。

実と実の戦い
実を崩して弱めて実と虚の中間を打つ

楢﨑 それにしても今年ほど愉快な京都大会はなかった。とにかくいつも一緒でしたね。ホテルも一緒だったし、食事も一緒……。ただ部屋だけは違っていて私は市川（彦太郎）先生と同じ部屋だったけど、先生は一人だった。だから五日の朝なども目がさめると、どうしてるかなと気になって部屋に電話をしましたよ。すると「今、風呂に入ってる。すぐに湯を入れ替えるから、ここに来て風呂に入れ」と言われた。「ウン、それもいいなぁ」というわけで部屋を抜けていきました。そうすると汗ビッショリになってね。奥さんが寝つけ薬にと持たされたというウイスキーを二人でもう5時半頃からキュッキュッとやって、ここでも剣道談義……。

岡田　しかし、やっぱりお互いに面をつけたら別です。普段は仲の良い間柄だけど戦いだけは真剣勝負……。

楢﨑　そしてその上で剣は人格を重んじているんだということを忘れてはいけないと思います。

岡田　それはそうだ。

楢﨑　それを自分に言い聞かせてね。岡田先生の剣は相手を生かす剣風ですよ。楢﨑を生かしてやろう、そして自分も生きるというね。相手を尊重する気持ち、その中において勝負を争う気持ちがなくては……と思います。言い換えれば、相手を理解するということであり、相手を尊重しながらもそこに自分の力、価値を信頼して己を捨てていく。その尊重の中に位が現われてくるということです。

岡田　相手の人格というものを認めて真剣勝負と……。

楢﨑　引き上げたところを横から打ったりとかね。そういうことは我々はしたくない。剣道の最高の真髄、理合を試合として出すにはその辺の真剣さを考えなくてはならないというのが、京都大会の意義だろうと思います。

岡田　しかしそういう意味での尊重というのは非常に厳しい……。妥協じゃないから本当に厳しいものがある。

楢﨑　戦いならばどこまでも妥協しない。これから私は剣道の究極の極意を求めるべく一所懸命に勉強して、切磋琢磨していきたいと思います。先生の構えと即打突。これには先程も言ったように一切の緩みもない。普通なら虚と実があります。実から虚、虚から実、その移りかわりの過程を見出して打つのが極意であるし、それを対峙して見つけようとするのが、一番苦労しているところです。だから相手の実に向かって焦って打っても通じやしない。また相手がリラックスしているときに虚だなと思っていくと〝ポン〟と抜かれてしまうしね。人間の心には虚と実がわずか二、三分の勝負の中に二転三転して行き来している。この虚と実の中間を打つのが一番近道じゃないかと思うけど、それはもう夢みたいなことですね……。

岡田　そういうことを常に考えている楢崎先生は偉いよ。やっぱり勉強しているね。だから先生が好きなんだよ。

ただ私は今の虚と実の話においては、先生の考えとは少しニュアンスが違う。私はやっぱり実を崩していく。虚なんていうけれど、それはよほど実力の差がある場合にはあるかもしれないが、実際にはなかなかないですよ。で、先生が今言われた実との中間をどうして打つかということには賛成です。そのためには実を崩し、実の強さを次第に弱めていく。そしてその実が虚になるか、あるいはその中間のときに打つ。結論としては同じなんですけどね。だから楢崎先生と私の試合というのは、実と実との戦いなんです。虚なんかお互いないはずです。まあ、敢えて言えばその中間がどうかということですね。

いわゆる楢崎範士は私の実をだんだん弱めていく。私も楢崎範士の実を弱めていこうとする。しかし弱まらない。弱めていこう、弱まらい……。もう無形ですよね。「よし俺は相手の実をつぶした」と思っていてもあに図らんや、つぶれてなくて、今回のように〝サッ〟と小手にくるでしょう。つまり実の強弱です。先生の実の方が強かった、動じなかった。だからさらに強い実できた。そこで一味、二味違った楢崎先生の心境を感じ、さらに付き合いが深くなるわけですよ。あらためてまた相まみえてやりたいなという気持ちになりましたよ。

正中線上での戦い 勝負どころでは自分を捨てる

岡田　試合前の心境を問われるなら、別にいいところを打ってやろうとか、そんなことは全然考えませんでしたね。つまり考えなくてもいい相手に私は十数年前に出会ったということです。普通、試合の前は無の境地でとかいろいろ言われます。しかし人間なら幾つになっても、何段になっても良い試合をしたいという気持ちはあると思います。ところが楢崎先生とは数回試合をしましたが、試合前の心境でとくにこの前はこうだったから今度はひとつ面を打たれないようにしようとか、突きを突かれないようにしようとか、そんなことは全然考えないですね。とにかく死中に活を求めていく。私自身課題を持って臨むわけです。それで打たれた場合、「ああそうか、楢崎先生はやっぱりそこまで死中に入ったか……、俺はまだ死中に入っていなかった」。そういうところが私の勉強になるんです。二人でよく話しますよね。一旦、試合になったらお互い死の装束をつけていくと。そして十分に戦って、もし敗れた場合には立派に成仏すると……。しかし簡単には成仏しないぞ。そういう気持ちで臨む。死にざま、打たれざまね。これが大切だと思っています。もちろん初めから打たれざまをよくしようと思ってはいきませんよ。

楢﨑　そうですね。私も晴れの舞台でもあるし、先生の一方的な試合にならないように真剣に立向ってね、五分と五分の間合において、またお互いが人格を尊重し合った中において、そして最後のどこかで勝敗を決するところがあるなら、自分を捨てていく。やはり自分を捨てないと、打たれても打っても納得いかないという気がするものですからね。普段の稽古で身につけた力と価値というものは、やはり確信し、迷いを捨てて先輩にぶつかっていく。そして竹刀のもつれ、体のもつれだけはしたくない。そういう気持ちがありました。普段、求めている剣道の理想が少しでも試合で実現できればいいなぁとね。

城は裏からも攻められるし、横の勝手口からも攻められる。いろんな方法があるでしょう。が、岡田先生との試合においては、正中線上で表玄関で真っ向から勝負したいという気持ちがありました。

岡田　楢﨑先生はそういう稽古の持ち主なんですよ。たとえばこんな話がありましたね……。あるところから我々二人に剣道形を頼まれた。これはそんなに大きな大会じゃないんです。私も過去に公開演武で形を何回も演武しましたが、その場合、だいたい一回か二回合わせるだけです。ところがその時は私の道場にわざわざ埼玉から車で五、六回来られましたね。そして五、六回来て、一回に七、八回稽古するわけです。もう形はお互いに十分に分かってるんです。しかし顔をそむけるんですよね。まだ真剣さが足りないといってね。ということは、私に対してもそういうことがあるのかもしれないが、やはり自分自身に対してとても厳しい。形は真剣勝負の理から来ています。何本目でもここがダメだと思ったら、納得するまで何回でも繰り返してやりますからね。

私はこういうことは初めてです。だいたい一、二回やって呼吸が合えば、それだけで行ないますが、楢崎先生の場合はどうしても求める真剣味が足りないといって何回も何回もね……。だから私は言った。「楢崎先生、斬るぞ！俺は斬るぞ！」とね。すると「ぜひそうしてくれ」というので、私は間一髪のところを入っていこうとする、先生は間一髪を入れない、私は入ろうとする、先生は入れないようにする……。そこまで行ったわけです。それでどうやら納得しましたね。だから本番では非常に評判がよかった。しかし私は打太刀。間一髪のところを打ち込んでいくと、私の方が斬られるんだから……もう毛のないものが斬られたらね（笑）。まぁ、毛がないからケガはないのかもしれないが（笑）。

楢崎　アッハッハッハッ。ケガは絶対しませんよ。だからこっちも安心して斬り込める（笑）。

岡田　そうなんだ（笑）。それを見てね、やはり楢崎先生というのは、形をやるにもここまで真剣さを求めているんだとね。そしてまた試合をするごとに「今日の試合はどうだったか」と尋ねてくる。だから「今年は去年とはまた一味違ったものが感じられた」と言ったんです。先生も言ったように小手、面、胴、突きじゃないんです。

己に厳しく近き相手は遠くに置くと有効打突が高まる

楢﨑　やはり岡田先生が相手を理解され相手を立てながらも自分も生きようとなさっておられる。その気持ちが私には嬉しいんです。自分だけが生きるという剣道はいくつもあります。しかし相手を生かし、その中に自分も生きていくという、そういう試合が本当の模範じゃないかと思うんです。

それにはやはり普段の稽古が大事です。しかし道場での一時間、一時間半の稽古は剣道修行のほんの一部の稽古場でしかないんですよ。そこに入っていくまでの取り組み方が既にできていて道場に入らないとダメですね。やはり一つの取り組み方ができていて、そして自分なりに求めるものがあって、それによって道場で稽古していくということが知らず知らずのうちに自分の求めるものに近づいていくんじゃないかと思います。もちろん私もそういう気持ちで真剣に取り組んでいきたいと思っています。わずか二、三分の試合に偶然ということはあり得ないですからね。

岡田　そうそう。うまくいくことはなかなかあり得ないですよ。やはり修行というのは自分だけの心懸けを持てばいいんじゃないでしょうか。人にこうしろ、心懸けはこうだ、修行はこうだというあり方を示すよりも、それ以前に自分自身がどうするかというのが、非常に大事だと思うんです。

今、私がやってるウォーキングも「ああ、今日はもうやめようかな、この辺りでやめようかな」と思うことは随分とありました。最高で10㎞から15㎞歩くこともあってね……。そうするともう草臥《くたび》れてしまう。しかしお金は持って出ませんから、タクシーで帰ろうかなぁ～と思ってもそれは不可能(笑)。そういうこともありました。あまりにもオーバーだったんですね。そういうこともあって、今では4㎞ないし5㎞の距離にしました。

でも始めた頃は恥かしかった。いい年してトレパンはいて「あのオッチャン何だろう(笑)。もっと長生きしたいからやってるんだな」と、自分勝手にいろいろ考えてしまうんです。そのうちひと月、ふた月経つと、行き交う人、もう全然関係ないですね。そして私はこれをやって自分の剣道がこうだとかああだと考えているわけじゃないんです。もちろん足腰を鍛えるということもあるけれども、やっぱり耐えることですよね。辛いなぁ、嫌だなぁということもあります。しかしそういう気持ちを打ち消しながら歩いていく。お前は歩かなければいけないんだということを常に言い聞かせています。今年の京都大会はもう家を出る時から運動靴をはいて行きました。これはもう習慣ですからね。女房は革靴をはいていけと言ったんですが、「いやいや、これをはいていく」と。鞄にはトレパンも突っ込んでね(笑)。でも雨が降ったから一回しかできなかった。

楢﨑　三日の晩、ホテルで一緒になって、「明日の朝、武徳祭へ行くでしょう。そして朝稽古して行くんだったらかなり忙しいね」と言ったら「俺は雨が降ったら行くよ。天気が良ければ行けない」って言われる。おかしいな。私の頭じゃ、雨が降ったら行けないけど、天気が良ければ行くと考えられるんだけど(笑)。つまり天気が良ければウォーキング、雨が降ったらできないから行くということ。その考えが私には読めなかった。そして翌朝、先生はウォーキング、私は朝稽古とやはり自分なりのコンディション作りをやってるわけですね。

岡田　結局、とにかく毎日毎日歩いてるところに何か無形のものがあるんじゃないでしょうか。偉そうなことを考えたり偉そうなことを人に言うためにそういうことをやってるわけじゃないんです。さっきも言ったように私はお説教というのは嫌いなんです。ましてや自分自身がそこまで来ていませんしね。

樋﨑　まぁ、やはり自分の修行ですからいろいろ講義をしろといったって、まだ我々にはね…。

岡田　ただ言えることは、自分が実行していることです。そうですねぇ、ウォーキングは始めてまだ2年あまりですが、私の場合、もう三十年以上実行していることは正面打ちと切り返しですね。これは今でも続けています。

樋﨑　本当に偉いですね。なかなかできないことです。

岡田　だからもう今では苦になりませんよ。正面打ち込みは二、三十本。それから切り返しを二本くらいです。私の道場は六時半から八時までの稽古ですが、三十分は基本か剣道形です。

樋﨑　やはり打ち込み、切り返しをやらないと、構えができないと言われますよね。小川忠太郎先生もよく言われます。

岡田　だからそれだけはもう自分がやってるから言えます。模範も示します。

剣道の間合とか呼吸とかは私にはよく分からないんですが、一つ例をあげれば、去年の京都大会で審査が終わってのその帰り、二人で新幹線に乗った。「先生、ガラガラじゃないか。これで東京までゆっくり座っていける」と話してたら、それが新大阪行きに乗ってしまった（笑）。車掌が「ホームが違います」と言うんです。それで急いで私はウォーキング、先生はジョギングでしょう。〝タッタカ、タッタカ〟行くもんだからね。私の方は荷物も沢山あるし自然に遅れてしまう。そうしたらホームの係員にね、「今、年寄りが上がってくるから発車ベル待て」って言ってたんです（笑）。それで係員が私を見たら、頭がはげてるもんだから年寄りに見えた（笑）。そしてやっと上がっていったら、その時、発車ベルを20秒くらい遅らせてもらって乗れました（笑）あとで聞くと、「年寄りだと言ったから係員が発車を遅らせてくれた」という。だから「年寄りとは何だ」というと「そういったから乗れたんだ」と答えるんだよね（笑）。それがやっぱり間合、呼吸だな。

楢﨑　気合でしょう。

岡田　ウン、それは理合です。その中に間合、呼吸、理合すべて入っている。それにしても剣道を離れれば、もう弥次喜多問答だね。（カメラマンに向かって）写真を撮るならよく撮ってね。あまり年寄りに写らないように（笑）。私の場合、先生といると損しちゃうんだよね。親子対談みたいになってしまう。明治生まれと昭和ヒトケタ生まれみたいでね。

楢﨑　大阪の全日本都道府県対抗で誰かに一緒に撮ってもらったスナップは特別だった（笑）。

岡田　私と楢﨑先生は一つしか年が違わないのにまるで親子みたいだとね（笑）。

楢﨑　それをある人に見せたら私のことを「長男ですか」と言われたというんですよ（笑）。

岡田　やはり写真はダメだな。

楢崎　頭のうすいのは関係ないですよ。剣道は……。

岡田　面かぶればね（笑）。

楢崎　まぁ、明治の頭で明治村でね、あれだけの勝負ができる人ですから、年齢のワク（出場資格は64才まで）にとらわれないでやってもらいたいですね。先生は声も若いし、張りがあるし……。

――それにしても明治村剣道大会では本当に動じられませんでしたね（本誌）

岡田　技がないからですよ。

楢崎　私も攻めの気は強いつもりだけど今度の試合では本当にこたえました。

岡田　いや～、明治村大会では、先生は私にいいことを言ってくれましたよ。試合の前日に「岡田先生、ちょっと剣先が高いんじゃないか。高いと心が浮いてしまう。剣先をもっと低くした方がいい」とね。

楢崎　あのときは私の方が兄貴ぶってね。

岡田　そういうことを言ってくれるというのは本当にありがたいね。

楢崎　前日の稽古を見てたんです。私は道場に入らないで陰で見てた。近くで見てたらそれは目に入らなかったと思いますが、道場の入口のところでジッと見てたらどうも剣先が少し高い。それで失礼だと思ったけど……。

そして翌日の試合の一回戦では、鹿児島の児島先生を見事に追い込んで打ったでしょう。私はすぐ、本当は入っちゃいけない控室に行った。そして「いや～、今日はあり得ない番狂せがあったなぁ」って言いました（笑）。すると「それは誰だい」って聞くから「だいたい分かるだろう。これじゃ大雪にでもなっちゃ困るな」と言ったら、「なに、今日家に電話したら、もう雪は降ってるってよ」と（笑）。「東京じゃない。ここだよ」ってね（笑）。

岡田　私は明治村大会には六回出場しましたが、過去の五回はすべて一回戦でポロリと負けてるんです。でも一回戦で負けると昼めしを食べられるんですよね。しかし今度だけは食べられなかったよ（笑）。3回戦までいっちゃったでしょう。そしたら「オイ、いけるんじゃないか」ってね。でも先生の弟子の大久保にポロリとやられちゃってね。大久保は頭いいね。私の攻めるところを知ってるからね。智将だよ彼は……。攻めさせないでパーンときた（笑）。大久保の偉いのはね、私がこっちで座っていたら、私のところへ来て「お願いします」と。そして終わったらまたあいさつをしに来ました。さすが楢崎範士の弟子だよ。それで先生のいうことがいいよ。「大久保は弟子だし、先生は剣友だし……どっちも勝たせたいけど、ウ～ン、もう自由にやってくれ」とね（笑）。

楢崎　もう二人にまかせたというわけです（笑）。しかしもうひと粘りね。先生は欲のない人だからね。もう少し欲をもってほしいですね。

岡田　欲はあったよ。弁当を食べたいという（笑）。ダンゴは食べたけど、とうとう昼めしは食べられなかった……試合が終って他の先生方にも冷やかされました。「お前がやりつけないことをやるもんだから新幹線がストップしちゃった。これ以上、異変がなかったらいいがなぁ」って（笑）。しかし大あり。うちの道場の屋根が雪でつぶれてしまった（笑）。

楢﨑　そこまで雪がひどいとは知らなかったですものね。いやもうああいうことはないだろうが、まあいい思い出ですね。

とにかく明治村での先生の試合っぷり、私が今一番勉強しようと思っている遠山の目付けね。近くにいる相手を遠くに置くという見本を見せてくれたという気がします。面だ、小手だということではなくてね。間が近くなって、中締めのところまで入っても心を広く持ち、相手を遠くに見る気持ち……。それが明治村での構え、姿勢じゃなかったかと思います。私の今までの試合経験からいうと、近くのものを遠くに置いておくと、やはり有効打突につながる率が高くなるんです。

自分の力、剣道の価値というものをみんな持っているはずなんです。それをつかみ得ない剣道は五里霧中をさまよっている剣道になってしまう。自分の剣道価値を持ち、しかも　信頼し、その中にこれを捨てて相手に向かっていくときに有効打突は多いように感じます。

しかし、さっきも言ったように今度の京都大会はホテルも一緒、食事も一緒でしょう。食事中でも「面をつけたら敵味方、真剣勝負だ!」と何回も聞きました。でもその言葉を初めて聞いた時は〝ドキッ〟としました。「真剣勝負か……」と。そこで初めて私も下腹を締めていこうとね。食事中の言葉などは笑い話で聞き流したけれども、先生がそういって私を叱咤してくれているということを思って〝ヨシ!〟という気持ちになりました。

心の剣道を教えあう道を求めるよき伴侶

岡田 それにしても先生の考え方はアカ抜けてるよ（笑）。やっぱりダブルの背広を着こなす人は少ないからなぁ（笑）。あんな埼玉の田舎にいながらちゃんとそれを着こなしている。そして稽古衣着ても、背広を着ても姿勢がいい。最近は田舎の人の方がセンスがいい（笑）。

楢崎 埼玉の田舎というけれど、東松山も練馬もたいして違いはないよ（笑）。

岡田 こういう間柄だからね。本当、いい相手を得ました。いい友達を得ましたよ。それを今度の京都大会でも強く感じました。試合の二組くらい前ですよ。「岡田先生、出て行くとき、九歩の位置に来たらお互いに向い合って、そして正面に向って礼をし、終わったらお互いに礼をして、その出入りをピシッとやりましょう」と私に言ってきた。これは本当に正しいことなんです。ところがあっちで礼をしたり、一人が礼をして一方はしなかったりでバラバラだったでしょう。「拝見」と言って立ち上ってから試合を行なう前後の挙措《きょそ》動作。そういう立居振舞いからビシッとやろうということを私に注文してきたんです。私も「ヨシ、分かった」と応えました。いわゆる真剣勝負の場に臨むためにはどういう心懸け、態度でなくてはならないかということです。その時、私は「ああ、いい弟分を持った」と思いました。

楢崎 それがね、私が試合前に先生の方に向かって行くものだから「八百長をやろうっていって来るわけじゃないだろうか」と思ったという（笑）。

岡田　ハッハハッ。

楢崎　みんな見てるのに何しに来たのかと思ったと言うんですね。そして「なかなかあんたもいいところあるよ」と言われました。というのは去年までは武徳殿だったでしょう。だから教えられなくても無意識のうちにそれができたけど、今度の試合場は広かったでしょう。はなはだしい人は歩きながら竹刀を構えたりね……。でもそこまで言えたのはやはり親しい岡田先生だったからですよ。他の人に私がいって行けば、「そんなこと分かってる」と言われたかもしれないしね。それだけ身近な間柄だから、面をつけたまま気安く行けたわけです。

ところが今度は、終わって蹲踞するとき、立会の小笠原三郎先生が「拝見しました」と言われたらしいんです。その声が座りながらちゃんと聞こえたと言われた。

岡田　「はい、それまで」と言われてすっと近寄って来られて「拝見しました」とね。これは嬉しかったですね。

楢崎　私は終わったと思ってスッと蹲踞をして立ち上がった。残心がなかったね。

岡田　私は耳がいいんだよ（笑）。

楢崎　じゃ私は耳が悪いっていうことですか（笑）。

岡田　先生は目がいいよ。試合をするときの目、形をやるときの目、半眼でね。小さな争いはせんぞというね。

楢崎　ハッハッハッ。初めて目をほめられました（笑）。でも目じゃ聞こえない（笑）。

岡田　何度も言うが、我々はそういう間柄なんですよ……。でも初めは何しに来たんだ。もう戦いが始まるというのにとホントに思った（笑）。

楢崎　やはりお互い終わったあとスッキリするような試合をしたいと思ってやってるわけだから、まずそこからキチンとやらなければと思いました。そしてやはり広いだけに、試合の内容もね……。先程、竹刀のもつれ、体のもつれがないようにと言いましたが、広い体育館というのは自然にもつれ易いんです。そうなってはいけない。あの広い会場の中でも試合の内容はビシッと締まっているようにということも考えました。どんな会場でもやはり鎬を削るような試合をしたいと思いますね。

岡田　あのね。二人に共通していることはもう一つあるんです。それはカラオケがダメなことでしょう（笑）。そりゃ、先生の声で歌ってごらんなさい。マイクがぶっこわれちゃうよ（笑）。私も同様でダメなんですよ。

楢崎　先生はまだいいですよ。

岡田　まだいいといってもね………しかし浪花節はうまいよ（笑）。

楢崎　もう一番困りますね。マイクを持ってこられるのが……。試合の時もね「俺が二回声をかけたのに、一回も出さなった」とあとで言われました（笑）。

岡田　「すぐには声が出ない」というんですからね。特殊な声だから（笑）。普通立ち上がって「オリャ」と言えば、それに応えます。しかし黙っている。目だけいい目している。先輩が「オリャ」と言ったらそれに応えりゃいいじゃないか（笑）。応えないからまたこっちが言わなきゃいけない。それから「ソラッ」と言っても知らん顔してる（笑）。それで試合が終わって「何だ、俺が二回も気合を出してるのに何で声を出さない」って言ったら、「先生、私はね、最初からすぐ声が出ないんだ」という。声帯の関係で乗ってくると「ヤッ」と出るっていってましたね。こっちはそれを知らないもんだから、「こいつ俺をなめてるな」と（笑）。それでも「突き！」という声だけは出すんだから、いやらしいやつじゃ（笑）。

楢崎　ハッハッハッ。

岡田　また近いうちにやりましょう。楽しみだ。

楢崎　わずか二分三十秒で一年間の成果が問われるんだから迂闊な試合はできない。そしてそれをそのままにして帰らず、あとで一所懸命に反省するということが京都大会の意義でもあるんですよね。それにしても今度の京都大会ではあらためてその楽しさというものが分かったような気がします。ホテルが一緒だっただけに、しめりがちなところへ行ってもよく笑わせていただきました。もう一日中笑い通しだったこともあるし、ホント楽しかったですね。

岡田　とにかく十数年前、教士八段のときに楢崎先生に突かれて、面を打たれたということは自分にとって大きな勉強になりました。あの頃は若手八段でもあり「俺は専門職だ」という誇りをもっていた。だからダメだったんです。それが先生の方は「岡田は警察大学の教授だ。ヨシ！」という気持ちで立ち向かってくる。だからあの時の心境は楢崎先生の方が上ですよ。もう弁当の問題はどうでもいいんだ（笑）。あの突きと面が専門職だといってうぬぼれているのは大間違いだという反省の気持ちを与えてくれたわけですよ。一方的にやられましたからね。あれでも五分の試合だったら私の剣道の進歩はなかったかもしれない。いわゆる私に勉強の機会を与えてくれたのは先生です。私に心の剣道を教えてくれたと思いました。

だから私は楢﨑先生が好きになった。やられて好きになったんです。しかしお返ししようという気はありません。むしろ突かれて打たれて相手を尊敬するわけです。今後、試合をするたびに益々付き合いが深くなるでしょうね。

楢﨑　一昨年の全日本選手権で市川先生が審判長の時、私が形をお相手させていただいた。そのとき先生が朝早くから来ていただいて背中のシワとかとか着付けを見ていただいた。なかなか真似できないことですよ。

岡田　いやいや……、とにかく先生は私の生涯の剣友であり剣敵だよ。いや剣敵という言葉はあまり穏かじゃない。やはり剣友だ

楢﨑　道を求めるよき伴侶ですね。

（昭和61年5月21日（水）　東京練馬・岡田茂正範士宅にて）

▲期待通りの立合に拍手は鳴りやまなかった
（立会の小笠原三郎範士は両者が終わりの蹲踞するとき「拝見しました」と敬意を表したという）

第四章　突きの心理　栖崎範士に聞く
突きはあらゆる技の最後の仕上げ

全国には沢山の剣道家がいるが、本物の突きを突ける人は意外に少ないと言われている。高段者になれば、もっと突き技はあってもいいと思うが、それは反比例するかのごとくである。
そこで「楢崎の面」でお馴染みの楢崎正彦範士に究極の〝突き〟に対する考えを語っていただいた。範士はその面があまりにも有名だが、知る人ぞ知る突きの名手でもある。本物の突きの突ける数少ない剣道家の一人であるのだ。

（文責／本誌編集部）

互いに攻め合って、極限の状態になった時には、もう相突きしかない

全国には沢山の剣道家がいますが、最近では突きを突ける人が確かに少なくなったようです。突き技というのは確かに難しい。私は学生時代にあらゆる技の最後の仕上げが突きである。他の技の未完のうちはやたらと出すものではないという教えを受けたことがありますが、それだけに難しいものだと思います。いわゆる突く心、間合、機会、さらに打突後の残心、美を保持するという意味では、失敗した時の打ち崩れがとても見苦しい。面技、小手技であれば、その打突が外れたってまた次の打突に変化もできます。が、突き技は手先だけの突きならば変化もあるんでしょうが、その基本は腰ですからね。

突き技はやはり腰が安定し、丹田に気力が集中した時、所謂切羽詰った時……。こういうと腰と丹田を使い分けしているように聞えますが、我々が言う腰は丹田のことを言うわけです。すなわちすべての技の出どころの元というのは丹田ですから、そこにグーッと気力が沈まっていない時には、やたらと出すものじゃないと思います。〝腰抜け〟という言葉がありますが、これは丹田に力が入っていないから、腰が抜けてしまう。それは剣道人として一番見苦しい姿です。

そして腰が入れば、次に気の充実した攻め合いに入り、切羽詰ってもうこれ以上、相手に虚もなく、お互いの攻め合いができないというギリギリの極限の状態（交刃）になった時には、気当りで行きづ

まるところがあり、もう相突きの技しかない。その時には刺すか、刺されるか、突くか、突かれるかという心境です。そしてそこまで来ると、どちらが「先」で突けるか……。こちらが幾分かの「先」で突けた時の満足感と、逆に突かれた時のショック。その時のショックというのは、すべてが打ちのめされたという感じになる。いわゆる喉というのは人間の急所ですから、大きな致命傷になる。そしてその受けた打撃というのはすべてに波及し、腰をも砕かれる……。すなわち技の出どころ、エネルギーの元である丹田を突き刺されたという感じになる。そういったもうこれ以上、攻め合いができないというところを見事に突かれた突きは、せまい打突部位だけに面や小手を打たれた以上の衝撃を受けます。またそんな突きを見舞った時には思わず「まいった!」という声が出ます。

それだけに感情も刺激し易く、その反応も眼に映り易い技でもあります。そして直後に「このヤロー」という感情が起きた時にはお返しとして無理な突きが出易くなる。遠間からのおどかし的な突き、あるいはお返しに出す感情的な突きは自ら墓穴を掘る格好になるだけです。これらは我々が最も戒めなければならないことだと思います。

やはり今言ったようにギリギリのところまでいってもう相突きで死ぬしかないという間合まで攻め込んでグッと突く。しかしそこまで攻め込むのが容易じゃありません。一番難しいところです。高段者になると、お互いに腰の上体を安定しながら攻め合っていますからね。すなわちそこまでいかない間合からの突きというのは、腰の残った手突きになり易いんじゃないでしょうか。だからその間合を間違わなければ体の崩れもないと思います。

▲ギリギリのところまでいってもう相突きで死ぬしかないという間合まで攻め込んでグッと突く

その間合というのは、自然体の中から踏み込んで突きに届くようなくらいのところが切羽詰った間合ということがいえます。それが我々の極限の間合です。そこまで入らなければ、本当の有効打突としての突きは生まれないのではないでしょうか。だから当然近間になりますね。それ以上入ったら、無駄な間合……、もう分かれなければなりません。

指導者が見せる好ましい突きと好まざる突き
正中線外さず、恐怖心を抱かせず相手を敬う気持ちで突く

しかし我々が稽古をしている場合、高段者は下の者とやる時もその人の気力に応じた稽古をやりますが、どうしても気力が合わない時がある。気力が伝わってこないんです。そういう時は一つ目覚ましのために、突きで刺激を与えてもう少し燃えさせてやろうという時もあります（笑）。その場合には片手突きが多いですね。私の場合、諸手突きは、これはほとんど表からのものですが、先程言ったような場面の時に相突きのつもりで突きます。が、片手突きは稽古中、相手が打突のリズムをとろうと、こちらの竹刀を押さえたりして正中線を外すことがある。剣先の収まるところは相手の喉ですから、それが外れた時にはパッと突いてみます。片手突きは少々遠くても踏み込んで突くと届きますからね。これは一つには指導上のためでもあるんです。

私自身としても手の内の締まりを修練したいという気持ちもあるんです。相手の人にとっては、た

びたびそれを出されると、いやらしいと思われるかも知れません。だからいやらしくないように、正中線から外さないよう、その正中線上にパッと出るような手の運びを頭に置きながら突いています。

指導者が時折見せる迎え突きにしても、相手が出てくる範囲内で応えるのはいいけれども、わざわざ近間に誘って、相手が出て来たところにことさらに両肘を伸ばして相手の首が横を向く程に突き放すということは指導上よくありません。言うところのつっかけです。もちろんお互い同士でもです。ただこちらの構えがしっかりできて、正中線も崩れていない、打つ時機でないところに打ってきたものを自分から剣先を避ける必要はありませんから、応じる暇がない時にはパッと軽く突きを与えることはむしろ指導上は良いことだと思います。いわゆるつっかけるという突きは好ましくありません。逆に両肘、両手の内を締めているところに相手がつっかかることは差し支えありません。つっかかるとつっかけるは大きな違いがあります。

相手を尊敬するという意味において、指導者はまずそういう気持ちで突き技を考えなければなりません。そういう相手を敬う気持ちがあれば、迎え突きも見苦しくはならないと思います。また稽古中、夢中になってくると、自分の柄を左右に振りながら出す突き、いわゆるスコップ突き……(笑)、これなどもやってはいけない行為です。

上段に対する胸突きは本物の突きか……剣道本来の突きは〝突き垂〟だ

今年度の全日本剣道選手権大会の決勝では、警視庁の西川（清紀）選手が愛知県警の上段、東（一良）選手に片手胸突きを決めて初優勝を飾りましたが、あれは三回目の延長戦でしたかね、私自身の考えでは胸突きというのは本来、認めたくないんです。ほとんど片手技ですからね。

ただ上段をとる人にあまりにも基本のできていない高校生、大学生が多い。そこで審判規則で上段をとってはいけないと謳うわけにはいきませんから、胸突きを認めることによって、上段は不利だということにしたと聞いています。それを是正するための胸突きの容認であって、剣道本来の姿から言えば、やはり突き垂です。打突部位がせまくなると、やたらに突くことはできません。だからこそ自分の集中力も丹田に沈まってくる。心身ともに澄んで、構え、気も充実したところから、せまい突き垂の一点に集中する。そうした上で初めて本物の突きが出せる。

すなわち突き技は技の最後の仕上げであるという考え方からすれば、的が広く、気持ちが整わないうちに手だけ伸ばして直角に真正面から当たれば採るという胸突きは、突き本来のものではないと思います。

その意味で審判は、突き技というのは軽いものは採ってはいけないと思います。小手とか面などが軽いというのと違って、何度も言うように突きは最後の仕上げという面から考えると、正確で、また相手が本当に突きによってダメージを受けたものでなければと思います。そして美を備えたものでなければ……。姿勢態度が崩れたり、腰抜け、腰くだけの突きでは、たとえ打突部位に当たっていても採らないという考え方がいいのではないでしょうか。

とくに上段をとった相手に対しての片手突きは胸突きであれば、審判も見易い。しかし本当に突き垂の箇所を突いた突きは、審判に対して、選手から入っていた、いや入っていないという不満の声を多く聞きます。だからそういった組み合わせの試合の時には、審判は基本の二等辺三角形の位置に立って試合者の両方を平行に見ていては見落しが多いので……上段の突きの部位がよく見える位置に少し移動し、試合者と同じ気持ちで、また確かな目で判定しなければならないと思います。ただ姿勢が良くて手の内も締まっていたようだったから採ったでは困ります。

心を忘れた技は技にあらず 突き技はもっとあっていい

突き技は最後のトドメと同じです。それには気力の充実した基本の構えから攻め合っていけば、突き技はもっともっと出していいと思います。しかし打突部位の中で最も小さな箇所ですから、その一点に全身全霊、すべての技の集約されたものをかけて向っていくというのはなかなか容易じゃありません。未熟者ではなかなかできません。だから高段者になるに従って、突き技はもっとあってもいいと思います。

心身ともに健康な人は突きは恐がりません。そういう人に対しては、私も突き技を出すこともありますが、体のどこかに異常のある人には出しません。いや出してはいけません。またこれから技を伸ばしてやろうという段階の人にやたらと突き技を出し、恐怖心を抱かせることも指導者として考えなくてはいけません。逆に感情的に出した突き技には、思わずウ～ンと唸らされるようなものはありませんね。

稽古量も十分に積み、心身共に健康な状態で行なう時には、間合がつまってくると思わず突きが出ざるを得ないような時があります。これはまた出そうと思って出るものでもない……。技を出すには何か意志があるだろうと理屈では言えますが、じゃどんな理屈かといったって、これはなかなか説明できるものではありません。やはりその普段の稽古量の結果から自然に出るものだと思います。

高段者になれば無駄な打突は減らしていかなければなりません。心身の鍛練、いわゆる心を養いながら体も鍛えなくてはならない。心を忘れて体だけ、力だけで打ち合うことは、十分に戒めなければなりません。突き技もその辺りのことが土台になって出されなくてはならないと思います。

楢崎

第五章　楢崎正彦範士が語る年来稽古条々
次世代に望む年代別稽古法

新天地に向け、新たなスタートをきる季節となった。期待と不安を胸に若人はそれぞれの道を歩み出そうとしている。
そんな若人たちに贈る楢崎範士からのメッセージ。今なお修行の道を歩み続ける範士に、人生に活きる剣道とは何かを問い、次世代に望む年代別稽古法について語っていただいた。その一言一句から滲み出る人生哲学は、永遠の真理といえよう。

（文責／本誌編集部）

竹刀を買ってくれた父が「なぜ剣道をやらんのか」と一喝 野球少年が竹刀を握った日

兄姉は7人で、私は末っ子でした。そのなかで運動に縁があったのと言えば、2番目の兄が郡の長距離走の記録を持っていたぐらいで、運動神経があると言ったら私が一番でした。とにかく暴れん坊だったようです（笑）。

小学2年の頃から野球が大好きで、父（金次郎氏）にねだって、とにかくグローブとミットを買ってもらいました。当時グローブとミットを持っているのは珍しかったものです。革製じゃなかったけれども、それでも我々はモノの善し悪しをいう前に買ってもらえただけでも嬉しかったです。父は軍人で、貧しかったけれど厳しかった。叱られて言い訳でもしようものなら、またこっぴどく叱られたものです。今思えばあの父がグローブとミットをよく買ってくれたものだと思います。父にしてみれば、末っ子の私に期待を持って何か運動でもやらせようと思ったんでしょう。学校から帰ると、すぐ友達を誘って、近くの天満宮でキャッチボールをしていたものです。友人を座らせ、いつも私がピッチャーをしていました。

4年生の時には尋常小学校の郡市対抗野球大会に6年生に混じってサードで出場しました。当時は試合前になると授業中でも野球の先生が見えて「楢﨑、野球の練習にいけ」と言われたぐらい野球に熱中していました。

また野球をしていない時には、玄海灘を一望に見渡せる鏡山（280m）という山によく駆け足で登ったものです。それも平坦な道は歩かない。道なき道を、それこそ這い上がっていくんです。それが一番近いと思っているから、全然、苦にならない。小学校の時の競走は、いつもそうでした。

ところが6年生になって剣道初段か弐段の先生が学校に転任されてきた。その先生が父の知り合いで「キンヤン、キンヤン」と父を呼ぶほど仲が良かった。その先生が父に「いやぁー、おたくの倅《せがれ》は体格がいいらしいね。剣道をやらしたら、どうだい？」と言われて、父はそれで私に剣道をやらせることを約束をしてしまった。だけど、私は振り向きもしませんでした（笑）。そのうち父が、今度は竹刀を買ってきて、竹刀を机の上に置いておくんです。（あれ、こんなところに竹刀がある）と最初は珍しくて手にとって振ったりしてみました。だけど「剣道をやろう」という気持ちにはならず、いつも天満宮に行っては野球ばかりやっていたものです。

ところがある日、いつものように野球をやろうと思って学校から帰ってくると、グローブとミットがない。友達と二人でウチの中を探し回ったけれど、どこにもなかった。それで仕方なく外へ遊びに出たけれど、こっちは晩ご飯を食べたくないほど、悔しかった。わざと遅く帰って、母に「グローブとミットどこやった！」と、つっかかったら「お父さんがせっかく竹刀まで買ってきてくれているのに、なんで剣道をやらないか！剣道をやるまでグローブとミットは出さない」と、逆に怒られる始末。その翌朝、父の前に呼び出されて、こっぴどく叱られた。男親の説教の厳しさを初めて味わいました。

それから仕方なしに素振りから始めました。

いざ剣道をやるといっても小学校には剣道をやろうとする者はいない。それでも防具は中学へ行っていた兄貴のを、どこからか引っ張り出してきて、何回かは着けたことがありました。古い竹ので、紐の一方を付けると、もう一方が下がってしまうといった代物でした。小学校6年生のことです。

剣道に誇りをもった中学時代
試合前、きれいな水で竹刀を清めて神棚に

一度始めた剣道でしたが、唐津商業に入っても野球をやりたくて、つい野球部に入ってしまいました。ところが剣道部の5年生が教室にきて「お前、剣道部に入れ」と誘いに来る。それでも最初は入らなかった。今度は近くのデパートに勤める姉のところへも「弟を剣道部へ」と勧誘しに行く。それでもう、うるさいから「入ってやるわい」ということで剣道部に入りました。

入ったんですけれど、強いのがおりましてねぇ。当時、唐津は剣道が盛んなところで、強い先生もいて、市内からきた生徒は小学生の時からやっていた。強いはずです。でも、「負けるものか！」という気持ちで暑中稽古で頑張り、その暑中稽古の終った日の試合で3位になっちゃったんです。剣道がおもしろくなったのはそれからです。性根をすえて稽古に取り組むようになりました。身体は丈夫なほうだったから、2年生と組み討ちをしても負けませんでした。先輩が2、3人掛りで来たことも

ありました。それでも弱気は見せなかった。3年生になってキャプテンになりました。その頃、日華事変が勃発して、国全体が戦時気分になってきました。こうなると父に始めさせられた剣道でしたが、この頃には、国が、社会が剣道を強いるようになってきたわけです。

唐津商業の先生がまたすごかった。配属将校で、少尉だったかな、四段のね……。やっぱり軍人さんだから気合が入っていました。眼がギョロッとして、あの眼で睨まれると震えたもんです。でも、稽古が終わって道場を出る時は、あの顔がウソのように優しくなり「よくやった」と、頭をなでてくださった。「よくなった、強くなった」と褒めてもらうと、また一所懸命やりたくなるんです。指導者の心というものが、あの年代の子供には、すぐ映るんですね。そういう先生には、子供はすぐとび込んでいきたくなるから、あの先生になら、叱られてもいい、投げ飛ばされてもいいという感情を持ちます。やっぱり誠をもって、愛情をもって指導すれば、どんなに厳しく鍛えても子供はついてきます。指導者が身をもって子供に心が映るような、そういう気持ちを子供が理解すれば、厳しくやってもついてきます。子供の心に通ずるものがないと子供はついてこないですね。

その先生には本当に鍛えられました。先生のお陰で、今日の私があるようなものです。その頃、剣道に対する発憤の心が湧きました。体力の限界というものを味わったのもこの頃です。午後の剣道の授業での稽古が終わると、さらに剣道部の稽古が始まる。一人に稽古をつけてもらうと、クタクタになります。それが終わって下座に戻ってくると、次の先輩が引っ張る。まったく息つく暇もなかった。でも、あれで体力、気力がつきました。

試験中は稽古はなかったんですけれど、私は一人で道場に行って、15分でも20分でも時間を見つけては素振りをしました。当時、竹刀は学年別に指定の場所に置いていたのですが、私は常に竹刀袋に入れて持ち帰りました。竹刀袋を持って歩くことが、自分の剣道に対する、ひとつの誇りでした。そして試合前になると、竹刀をきれいな水で拭いて、神棚にあげたものです。心と竹刀を同化させる、そんな気持ちがありました。そのくらい竹刀というものを大事にしたし、その竹刀を大事にすることが正しい剣道に向かって行く、ひとつの根本ではないかと思います。「竹刀は侍の魂」と父によく言われました。

夜中に天満宮や共同墓地へ行き、ひとり闇のなかで鍛える。自立の第一歩

私のひとつの転機になったのが、中学3年の頃、一家が満州奉天へ行くことになったことです。私は内地の学校を卒業すべく、一人残されました。そして今まで生まれ育った旧《ふる》い家から通学する毎日でした。夜中は怖かった。一人で家にいるということを意識するだけで恐怖感が増大したものです。ましてや、当時の家の造りはトイレも外でした。

でもいつまでもビクビクしてたらいかん、自分は剣道を学び、強い侍になるんだと思い込んでましたので、自分自身を鍛えようと思いました。そして思いつめて夜中の3時頃、竹刀を持ってウチの家

から150mくらい離れた天満宮に行って肝試しをやり始めました。まず石灯籠《どうろう》に向かって切り返しをやったんです。何遍も、何遍も……。そうしたら2日目の晩、同じように切り返しをやっていたら、灯籠の首の上の部分がポロッと落っこってしまった。怒られるかなぁと思って2日間ぐらいは知らん顔していましたが、どうしても気になって昼間、覗きに行くとまだそのままになっている。勇気を出して、天満宮の人に理由を正直に話したら、どうということもなく、すぐに直してくれました（笑）。

それにしても、そこでよく切り返しをやったものです。また天満宮の御堂の中に入って、そこで寝たりもしました。その御堂が古い建物で、樋《とい》がない。樋がないから雨が降ると、屋根に水が溜まる。それで雨が止むと雨垂れがポトッ、ポトッと落ちるわけです。ある晩、その天満宮で、私は大の字で寝てました。眠っちゃったんです。そのうち足音らしきものが聞こえてきたんです。その音を聞いて「きたなぁー」と思った時は、背筋に冷たいものを感じました。その天満宮の御堂には、その頃、物乞いという物貰いが村中をまわっては食をいただき、そこを寝泊まりの場所にしていました。それが来たと思ったので体がこわばってしまいました。しかし、待てども待てども近づいてこない。決心して、スパッと起きて戸を開けると誰もいない。よく見ると、滴がポタポタたれているだけでした。その雨だれの音を足音と間違えたんですね（笑）。

それとこんなこともしました。1㎞くらい離れたところに共同墓地があり、今度はそこをひとつ歩いてやろうと思って、竹刀と金槌を持って出かけて行きました。最初はおっかないから静かに、わからないように行くわけですけど、そのうち慣れてきたので、ひとつ気合を発してみるかと思って、竹刀を構えて、木に向かって「ターッ」と大声を出した。そうしたらバタバタバタッと木に止まっていた鳥が一斉に飛び出した。その鳥の影が、月影で目の前に飛んできた時は、これまた一瞬、冷や汗ものだ。思わず座りこみましたね。よく見たら野鳥の一種とわかりました。そしてここでも私は大きい声を出して切り返しをやっていました。

自分から求めて修行する。今、そういう修行というものを指導する人も少なくなってしまいました。昔は学校でもこういった肝試しをやっていました。国士舘でも1年生は墓場などに連れて行かれて、その途中に隠れている上級生におどろかされたものです。

これも親と離れたのが縁で、もし親と一緒に住んでいれば、そんなことはしなかったでしょう。やっぱり親がいないから自分で自分をつくらなければいけないと思ったわけです。思えば中学3年生頃、親と離れて一人になったことが、その後の剣道人生に大きく役立ったと思っています。自分で自分を鍛えるという〝しつけ〟を否応なくやらされたこと。その時が私の自立の第一歩でした。

〝しつけ〟は15歳までに愛情を持って指導すれば子供は素直になる

先ほど竹刀を大事にしないといけないと言いましたが、最近はモノに対するいたわりが薄れていると感じます。これは親の家庭における躾《しつけ》の問題で、欲しいと言えば、すぐ何でも買ってやるし、食べ

▲柳生の里のシンボル柳生十兵衛ゆかりの杉

物にしても食べたくなければすぐに残す。そういったことが影響しているのではないでしょうか。最近、心の強い子が育たないのも、そういう環境のためでしょうかね。

先日もある道場で寒稽古を実施しましたが、小・中学生に「今朝、顔を洗ってきたか?」と聞くと、50人のうち、顔を洗って来たのは20名弱でした。さらに「水で顔を洗った者?」と聞いたら、一人か二人、それも中途半端な手の挙げ方です。寒稽古くらいは水で顔を洗いなさい、と言いました。温かいお湯で洗えばよっぽど楽でしょうけど、躾として、冬の水の冷たさを寒稽古の時に、あえて味わう。そしてはじめてお湯の温かさというものがわかる。冷たさを知らないで、温かさを知れといっても無理です。だから寒稽古くらいは水で顔を洗ってくるように話しました。

〝さあ、やろう〟という意気を自らがつくり出すためにもやらせるのです。些細なことですが、そういう身体で覚える躾をその頃からやらさなければ、身につきません。特に剣道を志す少年にとっては見逃してはならない、指導者の心得と思います。

そういう躾は中学生までにしておかないといけません。高校生くらいになってしまうと癖がついてしまっているのでなかなか直りにくい。やっぱり小学校6年生くらいから中学生にかけて精神教育を剣道の指導者がしっかり教えるべきです。試合の勝ち方や、試合の面白さばかりを教えていたら、どうかなぁと思いますね。

躾を、ピシッとしておかないといけない時期があります。もう、この時期しかない。小学校6年生から中学生までの時期ということです。持つべき心構えなどを、口角に泡ができるくらい、またこの話か、と思わせるくらい言わないと、躾として身体では覚えません。これからもっと子供の数が減り、剣道をする子が減っていくかもしれないけれど、減らさせないためには、その躾を愛情を持ってやることです。ただ単に勝ち方ばかりを教えるのではなく、躾をするのです。

頭だけの学習ではすべて小手先の底の浅いものに終ってしまうが、肉体こそ至上のものと厳しく躾け、肉体を動かすことによって、喜びを覚えるよう、導くべきではないでしょうか。それによって子供たちは先に向かって楽しみを求めるようになります。剣道の指導は、技の指導、勝つ方法の指導だけではありません。人間そのものの育成です。ここで早く指導者が自身の心の変革をする必要があります。生半可に勝つ方法だけを教える指導なら、教えないほうがいいと言えます。子供を指導する時は、真心を込めて、先生が話す時、子供がスゥーッと先生の顔を見るような指導をしなくちゃいけません。子供は正直だから、話す人によって、そっぽを向いてしまうこともあります。反対に、その年頃なら、この先生と思い込めば実に素直に飛び込んできます。

現在、社会体育の問題で、剣道の先生が指導に当たれるようなシステムが検討されていますが、これはいいことだと思います。

打突の気剣体一致をつくる呼吸法と切り返しの関係

北本（解脱錬心館）の3週間の寒稽古では切り返しと打ち込み・体当り・打ち込みのそれだけしかやりません。昔は中学生くらいになれば、切り返しの発声は皆わかっていましたが、最近の子供は出来ていないように感じます。メーン、メン、メン……と一呼吸で9回やり、間合をとって、ここで初めて息を吸い込んで最後の一本をパーンと打たなければいけない。ところが今の子供たちは一呼吸でやらなければいけないところを、3回くらい息を切っている。これでは心身の鍛錬にはなりません。

このあたりのことを呼吸法として小、中学生にしっかり教えなければいけません。大事なことです。「3週間のうち、これだけをものにすれば、中学生は立派な修行だ」と言ってハッパをかけました。そのうち、いい打ちをする子が増えてきました。遠間からメン、メン……メンとね。そのかわり、それを止めさせないためには、こっちもメン、メン、メン……と同じように続けていかないと、ついてこない。黙って受けていると、勝手なときに息を継いでしまいますから。この呼吸法を得ると、タイミングやリズムも取れてきて、打突の気剣体一致が出来てきます。だから発声は大事なんです。

なんといっても、それを子供のうちから教えていくことです。長く息を続けられることが、すべての気剣体一致のリズムを作る。それにはメン、メン……メーンと打って、グーッと押えて間合をとる。そこからメーンと打っていき、ダーッと抜け、残心を示す。切り返しをやらせるのが一番いいと思います。私は大学でもそうでした。1年生の時は、徹底して切り返しをやらされました。そこから自分の構えができてくるんです。ともかく剣道は、それぞれ、その時々の自分の構えをつくることが大切ではないでしょうか。その次に相手があるのです。

「侍になれ」の一言で国士舘に1、2年生は切り返し、打ち込みのみ。悪い癖が消えた

唐津商業を卒業して、満鉄に就職しました。親が恋しかったのです。それで親元の満州に行ったところ、軍人だった父が「お前、軍人になれ」と言いました。それで1年間勉強して、試験を受けに行ったら、身体検査で肺浸潤《しんじゅん》と言われました。私は「自覚症状はない」と言ったのですが、駄目でした。家に帰って、父にそのことを話したら「そんな馬鹿なことあるか！」と怒っちゃって、もう一度、かけあって検査を受けることになりました。

ところが、聴診器を胸に当てると、心臓の動悸に異常があった。剣道をやっていると、発声が普通と違うので、少し異常があったのかもしれません。結局、それで軍人になることは諦めました。

父は「しょうがない」と言い、「お前、侍《さむらい》になれ」と一言でした。「侍になれ」ということは、徹底して武道を追求してみろ、ということで、当時は専門学校として武専か、国士舘しかなかった。どっちにしようか考えた結果、国士舘に行くことにしました。

当時、国士舘専門学校は小川忠太郎先生が主任教授をされていて、1、2年生のあいだは切り返し、打ち込みだけでした。正直いっておもしろいものではありません。早く試合もしたいし、何でこんなところへ来たんだ、やだなぁと思ったこともありました。しかし、学校の指導方針なので、それに従うしかありませんでした。

朝稽古は5時半から、寒稽古中は4時半から5時半まで。5時半からは坐禅でした。1年生の切り返し、打ち込みは、中学時代の悪い癖を捨て去るためのものでした。全員、白紙に戻して取り組んだものです。だから国士舘では中学時代いくら弐段、三段を持っていても、それは意味がなく、やり直しを強いられました。1年生から、みんなでもう一度基本からはじめ、1年生で初段、2年生で弐段、3年生で三段といった具合に、段を与えられました。段は寒稽古の結果を見て決められていたのです。先生方は切り返し、打ち込みをよく見ておられた。だから試合をして勝てばいいというものではなかった。基本打ち、足捌きをずっと見ておられました。父に「侍になれ！」と言われたこともあり、私としては一所懸命やるしかありませんでした。

きつい稽古でしたけれども、先輩たちが道場の外で「今日の切り返しは苦しかったなぁ。死ぬ思いで鍛えられたなぁ。しかし、切り返しをしっかりやり通した者が、あとの稽古で楽になるんだ」と言って励ましてくれました。私の1級上の先輩には森島健男先生がいらっしゃって、よく講談社野間道場に連れていっていただいたものです。先輩たちの剣道に取り組む姿を身近に見て、自然に剣道にひき込まれていきました。

現在、埼玉県剣道連盟会長の市川彦太郎先生も国士舘にいらっしゃいました。市川先輩は本当に気品がありました。普通、稽古というのは後輩がかわいいから、がむしゃらに稽古というのをつけるわけです。しかし、あれだけ鍛えられて「俺は可愛いがられてる」と思うのは10人に1人いたかどうか……（笑）。大方の人はいじめられたと恨むものですがね。それくらい稽古はきつかったのですが、市川先輩のは嫌じゃなかった。ああいう自然の教えというのがあったので、剣道を求めよう、強くなろうと思ったんじゃないかなぁ。感謝しております。

それで国士舘で中学までの悪い癖が捨てることができました。だから今の学生も、もう少し1年生のうちは基本をみっちり勉強したほうがいいと思います。今のままでは試合が多すぎて試合のための剣道にとどまり、4年生になるまでに正しい剣道を身につけられないで卒業してしまうのではないかと、不安でなりません。

しかし、試合となれば勝負にとらわれるのは人情です。とらわれてもいいのですが、問題はその勝ち方です。勝つことにあまりにムキになってくると、基本も姿勢もなく、ただ当たればいいということになってしまいます。これをなんとかして是正しなければいけません。それには指導者がしっかりすることでしょう。

試合は本来、修行としての一つの手段のはずなのですが、今は試合に勝つことだけを目的としてしまっている観がうかがえます。人間形成と、そして心、心と口では言うけれど、実際にそれがどういうものなのか、指導する人もいないし、自分からそれを工夫、研究して求めてみよう、修行してみようという姿も見られません。我々にしても「心」というものが、実際どういうものなのかわからず、苦しんでいます。

「心こそ、心迷わす、心なり、心に心、心ゆるすな」という教えがありますが、いい本をたくさん読んで、研究することも大切です。我々は中学生の時から野間恒先生の「剣道読本」を持って歩きました。それが真っ黒になるまで何度も読み返したものです。

剣道の魅力
自己の心次第で無限に昇華する

剣道は生涯、精進できるもの、武士の道。自己の心次第で無限に昇華していく楽しみがあります。さっきも言いましたが、せっかく剣道に縁があって始めたのに、勝負に急ぐ剣道だけでは寂しい気がします。勝負に急ぐと、やはり試合一辺倒になってしまいますから飽きがくる。途中で止めざるを得ない結果になる。やはり正しい剣道は正しい打突から、姿勢、構え、剣の正しさ、美しさ、そういったものを身につけるべく取り組んでほしいものです。勝負に急ぐ剣道ではなく、正しい剣道を目指すべきです。

やはり剣道は基本からやって美しさ、姿が備わってくるのであって、これが社会における自分の姿、美しさとなっていきます。姿勢、姿、礼儀作法などを養うには、剣道が一番いいと確信していますから、中・高校生には正しい剣道を求めていってもらいたい。たとえ勝負に負けたとしても、美しい剣道になってもらいたい。やはり勝つためだけの卑《いや》しい剣道はしてほしくない。剣道が卑しいと人間まで卑しくなってしまう。勝負にとらわれると、結局ごまかしになってしまう。ごまかしということは騙《だま》すことだから、私としては剣道が悪い方向へいってしまうのではと危惧します。

我々がこの年齢になって、人に隠れて夜、出ていって暗闇の中で、夜気を破るような気迫みなぎる素振りを、そして正しい足運びを続けることが、自分のひとつの人間形成の定義ではないかと思っています。誰もが朝は寝床が恋しくなるし、夜は晩酌してテレビを見てたほうがよっぽどいいわけです。だけど人間は朝の空気によって肉体を鍛えなければいけません。朝の新鮮な空気で体内の空気と入れ替え、内臓、肉体を鍛えるのです。

定年退職して無理をしないのも結構な話ですが、あんまり無理を恐れて楽を求めると反対に老化のもとになります。そういう考えで、人間はやはり動かなければ若くはいられません。そうでなければ、人間は無意識のうちに老化してしまいます。

今の大学生にはもっと肉体を生かした剣道をやってもらいたいです。手元と上半身だけの運動でなく、足腰を使った剣道。基本となる足腰は出来上がっているのだから、これを使って、腰の入った打ちを出さないといけません。上半身だけの剣道では、寂しい限りです。剣道の基本は胆力と、腰だということをもっと勉強し、研究しなければいけません。そうあるには、どうしなければならぬかを工夫研究することです。そして実行すること。こういうことは皆さん、わかっていることですけれど、なかなか実行できにくいので、現在の剣道が行き詰って迷っているのです。

しかし、中には剣道人として良く出来た学生もいます。たとえば狭い寮の中で自分という我を捨てて、互いに尊敬し合い、理解し合い、譲りあう、そういう心根の正しい学生もいるのです。ただ心配なのはこれで個性を失くしてしまうことです。社会に出れば、つねに勝負という気持ちを持っていな

ければならないし、自分の個性を出していかなければ、社会では通用しません。

企業の望む人材とは「明るく、正しく、強い人」そして工夫・努力する人

企業にはいろいろな相手との付き合いがありますから、会社としては社員の適材適所を見出だしながら配属を考え、活性を求めていかなければいけません。望まれる人材としては「明るく、正しく、強い人」ですね。そして自ら求めて工夫、努力できることです。

私が36年前、この会社（伊田テクノス㈱）に来たとき、企業というものに初めて入りました。これはどこでも同じことだと思いますが、企業人は馬車馬のように働けばいいというものではありません。やはり、理念、理合というものを見極めて仕事に取り組まなければいけません。剣道では形を修行し、技を修行し、そのなかに理合というものを勉強してきているので、今度はその理合というものを、会社で活かすわけです。たとえば営業するにも相手との緩急のこととか、和をもってとか、また我々みたいに営業に行くからには、相手に対し驚・懼・疑・惑の念を起さないような間を取るとか、そういうことを活かすのです。また誰に会っても動じないようにするには、腹式呼吸で息を長く、肚を据えていれば問題はありません。落ち着くから重要な話も聞き洩らさないし、早とちりもしない。剣道でいう早打ちをしないわけです。機会を捉えて適切に対応、処置ができるのです。

▲平成３年第 39 回京都大会にて日本剣道形を演武（打太刀・羽田野博範士）

これをするには〝不動心〟ができていないといけません。よく取り違えられますが、不動心というのは、案山子《かかし》のように動かず、突っ立っていることではありません。誰が来てもパッと反応できるのが不動心です。

剣道を通じて一所懸命やってきた、その経験を社会の中で実践して活かしていける剣道。これが人間形成、社会形成としての剣道だと思います。そして剣道をやっているからには「あんた剣道をやってたの？　そう」なんて言われるようじゃ駄目です。「あの人は剣道をやっていた人だけに、さすがだな」と思われるような人間になることです。そういう人材を企業は望んでいます。

それにはやっぱり躾です。何度も言うようですが、躾は中学生ぐらいまでにしっかりしておくべきです。難しいかもしれないけど、指導者の工夫、研究があればできるはずです。

私は小学校の頃から軍人の父に厳しく躾られました。その躾が学校でも、道場でも同じでした。道場で先生が厳しく言っていたことと父が言っていたことが、まさしく一緒でした。子供心に「なるほど」と思ったものです。やはり道場と家庭での教育が一体でないといけません。

父兄が道場に来たとき、本当に子供が可愛いのなら父親が厳しく教育、躾をしないといけない、と私は言います。父親の影響力はそれほど強いのです。私も父に子供の時、

「なんで剣道やらんか！」

と、一喝された時は本当に堪《こた》えました。子供の時の肉体の躾……、山に登り、野を走り、海に潜り、夏休み中、真っ裸で真っ黒に日に焼けて過ごしたあの頃があって、今の剣道があるものとその頃が懐

かしく思い出されます。

それにしても今の小・中学生には、けじめという感覚が薄れてきているのではないでしょうか。寒稽古をするにしても、以前は全員で始めて、全員で礼をして終わっていたのですが、それがいつ頃から崩れたのか、途中で帰ってしまう子供が増えました。お父さんの送迎の都合や学校の都合などあるかもしれませんが、それにつられて用事のない子供まで出ていってしまう。時代の流れでしょうねぇ。私は私なりに家庭の躾の甘さだと淋しい思いをしています。事にあたって、やり抜ける子供に躾たいと思っています。

今は時代が時代だからやむを得ないとは思いますが、だからこそ、私は本当にやりたい者を鍛えたいと思うのです。会社の剣道部に入ってくるのは幸いにしてクラブで躾られている人ばかりなので、たとえばウチの会社では模範的な社員となってくれています。

会社に入ったら、一人や二人でなく誰からでもかわいがられる社員になってほしいものです。普遍的にかわいがられるというのも剣道の基本的な精神だと思います。また剣道の理合を社会でも活かしていかなければなりません。社会もそれと同じで、見えない摂理、理合があり、秩序があります。その辺を見分けるような見識を磨かなければいけません。半年、一年は苦しいかもしれないけれど……。せっかく学生時代に学んだ剣道を途中で辞めることなく、その時の苦しかった稽古の経験と先生の教えを社会に出ても、心の定規として忘れることなく与えられた職場で頑張ってもらいたいものです。

社会に出れば剣道と仕事を両立させていかなければなりませんが、今は企業も不景気だし、厳しい状況にあります。そんな時だからこそ、本を読むなどして教養もつけないといけません。忙しいかもしれないけれど、寝る前に、あるいは30分早く起きるなど努力して時間を作ることです。いい本には、いいことがたくさん書いてあります。

道は己で切り拓くもの いい本を読み、いい先生に逢う。その教えをどう生かすか

したがって「武」で肉体を鍛え、「技」によって理合を知り、「文」によって教養をつける。これが大切だと思います。それと社会に出ると、稽古する時間が極端に減ります。どこの会社も一緒だと思いますが、部員全員で稽古する機会など滅多にありません。しかし、時間がないことにかまけて稽古を怠るのではなく、素振りをするとか、自分の工夫次第によっては至る所が道場になるはずです。「直心是道場」という教えもあります。

昇段審査にしたって同じだと思います。少ない稽古量を補うには、内容の濃い稽古をするしかありません。一回一回の稽古を真剣にやること。それがあるかないかで大きく左右するはずです。

自分のことを言うわけではありませんが、私は営業部長として外回りをする機会が多かったので、車の中には常に剣道具を積んでおきました。仕事で県庁などに出かけると、時間がとれた時は、必ず

隣りの埼玉県武道館によって30分でも稽古をしました。そして稽古が終れば汗を拭くのもそこそこで、次の仕事へ向かいました。

工夫、研究を自分でやらなければいけません。いい本を読むこともよし、又いい先生にめぐり逢えたら、自分でその教えをどう生かすかを工夫して考える。工夫こそが大切なのです。剣道の修行は、教えられてやっているようではいけません。自ら求めて工夫することに本物が見つかるのです。又、失敗すれば、あの人がこう言った、ああ言ったと責任転嫁をする人もいるようですけれど、それは筋違いです。教えてくれた人は縁を与えてくれただけなのです。それを成功させるか、させないかは自分自身の責任です。これが剣道修行の基本の心得そのものでありましょう。道は自分で切り拓くものなのです。

第六章　武蔵会に於ける楢崎正彦先生の言語録を読み説く

まとめ　武蔵会・水野仁範士

これから書き下ろすことは（平成３年から10年）楢崎正彦先生が武蔵会で指導された言葉を纏めたものであるが、若干私の解釈が加筆されているところもありますので理解して頂きたい。

『武蔵会』が発足したのは、昭和56年３月で、亡くられた岸沢陽明先生を会長に高橋三明先生、根岸光男先生の協力の下に『楢崎の面』を習得しようと西部地区の求道心ある有志によって結成され、毎月第１・３金曜日、東松山明徳館で行なわれてきた。

（資料提供／武蔵会・水野仁範士）

楢崎先生の捨て身の面について
「溜めと、捨て身」の説明

溜めとは、子供の頃、紙を墨で塗りつぶして虫眼鏡で太陽の光を一点に集め、この集結した一点が今にも煙を立てながら燃え出そうとするまでの状態を言っている。

捨て身とは、煙を立てて燃え出す瞬間、パッと音を立て点火した状態を言っている。

又、火山が噴火する状態をさして、地下にマグマが溜まり出口を求めている状態を「溜め」と言い、出口が見つかり溜まったマグマが勢い良く吹き上げる瞬間を「捨て身」と説いている。

溜めはイコール呼吸法にあると、先生は一つの目的地まで何呼吸で行くと言われていた。呼吸法にも色々あると思うが、数息観、1から2で臍下丹田に吸い込み、3から4で吐き、訓練によって出来るだけ長く静かに吐けるようにする。

誠に判り易い説明であるが、剣道の基本が確りと習得されていれば理解、会得出来ると思われるが、基本が出来ていないと理屈は分かっていても行動がともなわないものである。そこに剣道の難しさがあるし、面白さがある。この解答は以下に述べる「楢崎正彦先生の言語録」の中にあると思われるので良く読んで会得してください。

◆平成3年9月20日

相手は宇宙人のつもりで。そして相手を沸騰させる

『蕾会』が来館。その歓迎会の席上にて

「俺の相手は誰であろうと、宇宙人と対しているつもりで稽古している」と言われた。

先生から「宇宙」という言葉が出されるようになったのは2~3年前からで、物の考え方が随分とスケールが大きくなったと感心している。「打った」とか「勝った」とか言っているうちはまだまだと思う。

特に今回素晴らしい言葉は「相対して互いに中心線を攻めて打ち勝つことは、相手を沸騰させることだ」と言われた。今まで先生との長い付き合いの中で、この「沸騰」という言葉は今日初めてである。この「沸騰」ということは、相手を攻め負かした時に起こる精神状態を指している。即ち、何も判らずに心を動転してしまい、放心状態になり平常心でいられなくなる。そこを打てば結果は明らかである。それでは「沸騰」させるにはどうするかであるが、これは一口に言われても出来ない。それこそ修行によって会得しなければならない。太平洋で金魚を見付けるのに等しい。これが「剣」を志す道かも知れない。

私なりに、この沸騰の意味を説明すると、宇宙の自然界の何とも言えない「気」、例えば空、雲、太陽、

月、星、地球上では空気、水、樹木、石等、万物霊長全ての「気」を意味し、気を持って相手を攻めれば活路が見えるということとかと思われる。即ち、楢崎先生が言われる剣道で気がないのは剣道でない。1に気力、2に気力、3にも気力と言われた意味がここにあるものと信じている。

この言葉を今日此処に参加した者が、どのように理解し、自分の物に出来るかは疑問であるが、私には良い勉強になった。

正しい剣道を学び、自己を磨く

◆平成4年3月6日

剣道の理念「剣道は剣の理法の修錬による人間形成の道である」と。その理法の修錬の「法」は何か、剣道試合・審判規則第17条（有効打突）「有効打突とは、充実した気勢、適正な姿勢をもって竹刀の打突部で打突部位を刃筋正しく打突し、残心あるものとする」とあるように、充実した気勢とは何か、「敵をただ打つと思うな身を守れ、おのずから洩れる賤《しず》が家の月」とあるように「隙間からサーッと差し込んで来た光に自然に対処出来る気構え、態勢」そして「正しい姿勢・正しい構え」これが出来ていなければならない。この「正しい姿勢・構え」が出来ていなければ充実した気勢も生まれないし、打突後の姿勢が崩れてしまい、それは当てっこに過ぎない。

例えばコップに水を入れ、正しく持てば並々入るが斜めに持てば水は溢れてしまい一杯に入らない。それと同じように正しい姿勢で構えれば「宇宙の気」まで吸い込むことが出来、それを溜めることも出来る。まして、打った後、例えそれが当たらなくても、流れても腰が入って姿が崩れない。勝つことと打つことに拘らず『正しい剣』を研ぐことである。

そして「法」には三つある。1、刀法　2、身法　3、心法

1、刀法は打突部で打突部位を刃筋正しく打つことである。

2、身法は正しい姿勢、構え、足捌き、体捌きによる。

3、心法は何時でも素直な純真の心で学ぶことである。

そして「理」は、まず「間合い」を正しくとって、相手を崩し自分の「打ち間」に入り、剣道の「理合」をもって打ち込む、或いは相手を引き出して打つ。打った当たったは、二の次である。如何に正しい剣道を学ぶか、が一番重要である。そして自己を磨くことであると結ばれた。

先生が言わんとするところは、正しい剣道の習得で、正しい姿勢・構え・間合い・攻め・打突後の体の整え・残心全てを言い、技と心まで学べということである。

◆平成4年3月20日

鯉の腹呼吸に学べ。気が臍下丹田に溜まる

稽古後、『鮒』と『鯉』の違いについての講話があった。

「鮒」はパクパクと胸で呼吸するが「鯉」は静かに腹で呼吸している。剣道で大切なことは呼吸法である。鯉のような息遣いが出来なければいけない。鮒のように胸で呼吸することは「気」が溜まらず手打ちになってしまう。鯉のように腹で呼吸すれば「気」が下腹・臍下丹田に溜まり、打ちも腰から打つようになると言われた。

しかし、まだこの後があるのではないでしょうか。私なりに付け加えてみた。

鮒は鯉と似ている（同類科）が、剣道の構えにして例えれば、鯉は鮒と違ってゆったりと構え、時には素早く力強く、また急流や滝も上る。俎板上では何時でも死ねる覚悟（武士道）、何時でも捨て身の剣道が出来るようにと結びたかったのではないでしょうか。

要するに剣道の真髄は呼吸にあり、呼吸法を学ぶことによって剣道の奥が理解出来るようになる。また、「気で攻め崩して打つ」ことに繋がる。臍下丹田に気を蔵し、その気が左足、左拳に納まり、竹刀を伝わり剣先に集まる。その剣先が相手の中心を抑える。即ち、気を殺し、太刀を殺し、技を殺す三殺法である。

小川忠太郎先生は常に剣道は左手と左足にあると言われていた。このことをよく考えて工夫すれば本物の剣道になれると確信している。

楢﨑先生は何時も、剣道は打った打たれたではなく、正しい剣道を通じて自己を磨けと教えている。又、後味の悪い剣道をしてはならぬとも教えている。

◆平成4年4月17日

正しい剣道を習う心が大切。腰で打て

稽古に先立って指摘があった。

武蔵会の稽古は打った当ったではなく、また、手先で打つのではなく「腰」で打つこと、正しい姿勢から正しく打つことをしていれば、1年で物になる。先ず正しい剣道を習う心が大切である。折角受審しようと思っているなら正しい剣道をやりなさいと言われた。

◆平成4年8月7日

打突後、剣先は天井ではなく相手を刺す

暑いこの最中、武蔵会の稽古は盆休みもしないで稽古をするならば、気合を入れて稽古に励むこと。皆良くなっているが、今一つ捨て切っていない。剣先が天井を指す、これは良くない。打った後の剣先は相手を刺すようにしなければ残心が活きない。このことをよく注意して打ち切ることが肝要である。又この暑さの中、稽古することが肝心であると。

◆平成5年9月17日

息を吸う時も丹田に力を入れれば打たれない

剣道で一番大切なことは打突後の態勢（剣先）が活きているか、それとも死んでいるかである。「剣道の極意は手の内にある」と。即ち、打った後の剣先が活きているかである。

良く見掛けるのが、剣先が天井を指さしている者がいるが、これは腕の上筋（握り・指の力関係）に力が入っている為に、腕は伸びているがこれでは手の内の締めが出来ていない。

剣道で一番大切なことは、左手の握り、中指、薬指、小指の順に力を入れて親指、人差し指は軽く握れば天井など指す訳がない。

要するに左足、左手が正しく出来ていれば、構えた時に臍下丹田に力が溜まり、鍔を通して剣先に集まる。そうして思い切って身を捨てて打つことである。

一口で言うならば基本が出来ているか、身についているかである。正しい構え、左足の爪先に何時でも始動できる体勢が出来ているか、竹刀を持った左手の握り、剣先が相手の中心線を捉えているか、これが三角錐の構えである。又、竹刀を握って構えている時、握りがパクパク開いたり握ったりしている者がいるが、手の内の握りは、左右とも中指、薬指、小指で竹刀を上から握り、打った後茶巾絞りの要領で右手は押して左手を引き手で打てば天井など指す訳がない。このように構え、竹刀を握っていれば肩の力も抜け打った後ものびのびとし自然に残心を取ることも出来るものである。

「呼吸」呼とは吐くことから始まる。普通吸うことから始まると思うが、赤ちゃんが生まれ、第一声を発する時、オギャ・オギャと息を吐きながら泣く。打突する時も吐く息である。打たれる時は吸う息である。腹式呼吸等で呼吸を研究することによって、吐く息を長くし、吸う息を短く訓練することによって、打突の機会を相手に察知されなければ打たれることはなくなると。しかし、先生はこれに異存があると言われた。というのは、息を吸う時、気を抜くから打たれるのであって、丹田、下腹に力を入れ、気を抜かずに息を吸うように訓練すれば、吐いている時と同じように作用するものであると。

『丹田呼吸法』人は下腹に緊張を加えながら静かに息を吐き出す、そして20～30％息を残して下腹の力をちょっと弛める。ところが外には一気圧の力が常時働いているので丁度スポイトの手を弛めたように外の空気が自然と肺の中に押し入って来る。それは瞬間に行なわれるが、想像以上の大量の空気が肺底まで入り込むのである。（幽体自然流）

この講評を何人の人達が理解し自分のものに出来るか、少なくても先生が言わんとするところを自分はどうか？ 振り返り反省すれば一歩も二歩も前進するはず、馬耳東風・馬の耳に念仏ではないことを願う。

埼玉
水野

◆平成5年10月1日

「一刀一事」の打ちが大事

稽古前に「春夏秋冬、秋、今が一番自然界で何でも収穫時期である。我々が習う剣道でもこの1年間稽古をした成果が現れる時期である。今日は皆の稽古を見さしてもらうから一生懸命にやってみろ」と挨拶。

稽古後、先生から講評があった。大変良くなって来ているが、前回も指摘したが打った後の剣先が活きていなければいけない。まだ何人かの者が出来ていない。一つ打つにも真剣に真直ぐ、しかも思い切って身を捨てること。そして竹刀に乗れば自然と残心がとれるものだ。要は「一刀一事」一つ一つを大事に打ちを出さなければいけないと。

◆平成8年9月20日

打突後、自分善がりで止めない

先ず蹲踞して対戦する時、そして稽古中であっても、又蹲踞で終る時も気を充実して常に真剣に油断なく構えなければならない。特に打突後、自分善がりで止めてしまう者があるが、そのようなことがないようにと指摘された。

◆平成9年2月7日

審査会では攻めが見られる。攻めが強ければ相手の動きが判る

大分良くなっているが、剣道で一番大切なことは「攻め」である。その攻めが見えない。只打突している。これではいけない。気力充実して相手を攻めて打つことを忘れている。このことは常に稽古で攻めて打突していないから、いざ審査会で忘れてしまう。審査会で見られているのはこの攻めである。常に攻めて打つように心掛けなければいけない。攻めが強ければ相手の動きが判る。即ち、出端、技の尽きたるところ、居着いたところと打つことが出来る。三磨の位で常に習い・工夫・鍛錬することである。

それから竹刀を握って両手がパクパクしている者が居るが、剣先が上下に動いている。本当の刀を握ってそのような動きは出来ないはずで、正しく握ると共に、いざという時打ちを出さなければならない。その為にもパクパクした握りでは対処出来ない。左手の握りが臍の前に収まっていなければならないと。

◆平成9年4月4日

臍の上に竹刀を乗せて構えを作り、腰を引くな

楢崎先生曰く、先ず構えを作れと。松尾先生曰く、俺は10年掛かったと。私も八段を受ける際、先生から目を閉じて自分の姿・構えが浮かばなければ合格することは出来ないと言われた。そして楢崎先生曰く、「臍の上に竹刀を乗せろ」と言われ、「構えは下半身、特に左足・左腰にあって臍、即ち腹を突き出して真直ぐに構えなければいけない。決して腰を引くな」と。このことを宮崎先生(函館大)は初めて聞くらしく、良いことを聞いた。勉強になると仕切りに感心していた。

松尾先生と草野先生が稽古の時、松尾先生に突きを決められたと。楢崎先生はそれを見ていて突きを怖がってはいけないと。突きは剣道で最大の技であると。人は片手突きなど無いというが、片手であっても両手で突くように訓練すればもっと強くなる。剣が活きるとも…。確かに突き技を会得すれば攻めが強くなるはずである。判っていても突けないのは相手を突いてダメージを与えてはという配慮が頭の隅にこびりついている。これも先輩に受けたイメージの為かも知れない。しかし正しく突く練習こそ大切なのかも知れない。

◆平成9年5月16日

1に気力、2に気力、3にも気力

八段審査で松尾、栗原両先生が一次合格されたが、二次で残念ながら不合格であった。楢崎先生より一次・二次の内容を話され、今一歩いや半歩のところであったと。一つ抜き胴でも打てば合格されたのではないかと言われた。今半歩とはどのようなことか良く考えることであると。今半歩とは近くにあって遠いもので、遠いと思っても意外に近いものでもある。要は考え工夫し努力すれば遠くても近いものとなる。手が届きそうで届かない。つまり気力の問題だ。常に楢崎先生が言われている1に気力、2に気力、3にも気力…気力のないのは剣道ではないと言い切っている。気力を養うことである。充実した気力での打突こそ大切で、打つ前の状態で気力の充実が備わってこそ構え、姿勢、気位が出来てそこから出る技が本物である。

毎朝4～5キロ歩くが、単に歩くのではなく歩くときに臍下丹田に息を吸い込み腹式呼吸で姿勢正しくて歩く。剣即日常生活に直結。常に呼吸法を研究し身につけること肝要なり。臍下丹田に気が溜まれば、左足の爪先に力が溜まり（足の裏で呼吸）左手の握り伝わり（何時でも始動することが出来又応じることも出来る）剣先に伝わり剣先が威力を発揮する。即ち、呼吸法が大切であると共に、如何に精神を養うかである。

最近やっと楢崎先生が言われていることが理解出来、身につき始めて来ていると思われる。

◆平成9年10月17日

剣道も目的を持ち努力・工夫せよ

私は春に種を蒔き、夏に育てて秋は実りで収穫の秋である。剣道も目的を持ち努力・工夫してはじめて自分の物になるので、審査会にはその結果を出せるようにしなさいと言われた。

◆平成10年2月6日

抜けてこそ身を捨てたこと

剣道は打った、打たれたでなく、如何に身を捨てて打つかで、皆のは、打った後止まってしまう。面を打った後、抜けなければならない。抜けてこそ身を捨てたと言える。抜けて相手に胴なりと打たれてもそれはそれで、相手が上と思え。身を捨てて打つことこそ剣道で、腰で打つことが出来る。止まるということは当てようと意識のもとで、小手先の技であると。

◆平成10年2月20日
構えは腰の据わりが大切

自分の構えを作れ、構えが出来ていないから打突した時、相手にいなされ、押されたりした時、腰が入っていないからヨロケてしまう。先ず確りとした構えを自分のものにすれば、打突時に腰が入り整えることが出来る。腰の据わりが大切だ。構えが出来ていないから相手に攻められて直ぐ崩れて、急いで（慌てて）打突するようにさせられてしまうし、溜めが出来ない。そして体調を整えて風邪など引かぬように万全な体調で当日を迎えるようにと話された。

◆平成10年5月1日
気力と気迫で蹲踞し油断なく立ち上がれ

「いよいよ京都大会も数日後となり、六～八段審査会も間近である。この5月の若葉新緑の気を十分自分の身体に摂りいれ、稽古に今おいてない季節を認識の上、稽古に励むように。尚審査は既に何回か経験されているのでわかっていると思うが、審査というものをよくよく考えて受審するように」と又「審査は技よりも気力の問題」と話された。

しかし審査というものを良く判っていないから失敗されるので、審査はどうあるべきか、そうして普段の稽古をどのようにすれば良いかということに気付いていない。剣道というものがどのようなものであるか、剣道はどうあるべきかということに視点を捉えていない。故に普段の稽古も旧態少しも変わらない。これでは進歩がない。我々が口を酸っぱく何度も繰り返し指導しても、本人がそのことに気付き工夫し練らなければ進歩は残念ながら見られない。

剣道で大切なことは色々あると思う。先ず「正しい剣道」を目指す我々は、その目的に如何に素直になり身につけるかである。そして自分を見詰め直し、構えは、足は、手は、腰は、間合いは、攻めは、機会を捉えた打突は、残心等数え切れないほど有るが、此処では「よくよく考えて」ということは「正しい剣道」という考えで、一番難しい「攻め」が本当に相手に通じる攻めが働いているか。それには蹲踞の時の態勢にある。即ち、気力である。先生が常に言われている「気力が無いのは剣道ではない」と。審査では1分から2分で合否が決まってしまう。

技を出そうにも相手次第では通じない時もあるはず、そこで大切なことは気持ちの持ち方、気力である。

対戦する時、気を引き締め気力と気迫で蹲踞し油断なく立ち上がり、遠間より一寸刻みで間を詰め打ち間まで入る。無論相手も打ち間に入って来る。ここに攻めがなければならない。当然相手も攻めて来る。此処で慌てず攻め返しが出来るか。この攻め返しこそ大切で、気力と気力の争いから打ち勝って初めて先を捉えることが出来る。ここに気力が活きるもので、気力が心の余裕を生み出し相手の動きに迷わされず瞬時に打つ込むか、返し技で応じることが出来るはず。「気力こそ火事場のバカ力を発揮する」

◆平成10年9月4日

まず気力を左足の爪先に蓄えろ

先生は何時もと変わらず「気」で攻めて豪快な面を出されていた。稽古後の講評で稽古をするには先ず健康でなければならない。私の言う健康とは「気力」であって、五体から出る気力こそ健康の源である。その気力が左足の爪先に蓄え、更に左手の拳に溜まり、更にその気力が竹刀の先「剣先」に現れ勢いとなって打突となり、その勢いが打突後の姿勢に現れなければならない。しかし当てることでなく、真直ぐ正しく打ち切ってこそ価値がある。

◆平成10年12月4日

「お・い・あ・く・ま」怒るな・威張るな・焦るな・腐るな・負けるな

忘年会の席上

猪俣君が七段に合格されたことは、ビデオを撮って研究されていることで、自分の姿、振る舞い、悪癖などは判らないものである。文明の利器を利用して自分の姿、悪癖に注意して直すことが肝心であると。習い事「道」は自分自身から求めていかなければならない。「好きこそものの上手なり」というように追い求める求道心がなければならないし、求めるだけでなくいかにその道を素直に習い教えを請うかである。

・八段受審する者の心構えについて。

腹を据えた気の落ち着きが大切。審査の場合でも試合でも、早打ちが多い。これは相手の心（攻め）に動かされてしまっていることである。先ず腹を据え、気を落ち着かせることが肝要である。そして相手を破る気力で、一本の技にまとめ、相手が出て来たらその出端を打ち、相手が居着いたらならばすかさず打ち込む。出発があり終点がある。

左手の動きは心の動きだ。相手が出て来ないうちに自分の左手の握りが動いては駄目だ。これは自分の心が焦っていることの現れである。小川忠太郎先生は剣道は左足・左手にあると言われた。即ち、左足の爪先に気を溜め、何時でも飛び出せる態勢でなければならない。そして左手の握りに指令して動く。臍下丹田に気を溜め左足左手に伝わり行動して初めて捨て身の技となるものと思う。

・勝って打て（克って打て）

前項のことを良く理解して相手を見ると、落ち着きの中に相手が見える。そしてその相手の対正中線から自分の剣先を外してはならない。外れているということは自分が崩れていることだ。

（注）木鶏の心理。即ち、如何なる名人達人でも、ロボットの打ち込み台に正面から打突すれば中

心線に構えられた竹刀が怖くて打ち込むことが出来ない。正中線から外れればいとも簡単に打つことが出来る。ここにヒントがある。

・無心の構え

表に現れる姿は静かに、内面は炎が燃え盛る如く激しくあるべし。

無心とは「独楽」が廻っているごときの姿である。

・「お・い・あ・く・ま」について

「お」は怒るな。「い」は威張るな。「あ」は焦るな。「く」は腐るな。「ま」は負けるな（自分に）。

この五つの言葉の持つ意味を良く理解して審査に落ちた人達は挑戦しなさいと結ばれた。

さて、冒頭に「溜めと捨て身」について、以上の講評の中にあると述べたが、かつて剣道時代に掲載された『楢﨑の面』の中で先生が述べている文章が参考になると思われるので、ここに掲載した次第である。

「私は今でも坐ることが非常に楽しい。長い時間坐る必要はない。坐っていて自分の息を数えると下腹に力が入ってとても気が楽になる。こうなると上半身の力が抜け雑念が下の方へ下ってくる。普段は二、三十分の数息観をやる。やりはじめは三十分に六十回くらいの呼吸をし、だんだんと減らす。五十回、四十回まで息を長くする訓練をする。難しい問題をかかえたとき等は坐って坐って肚で考える。人間は眼で見て、耳で聞いて、それから頭で考えてから物事を処理するが、僕はそうするとその処理に後悔したことが多い。坐ってから肚で考えて行動を起したことについては後悔しないことにしている。

『物事をよく呑み込め』と云う言葉があるが、坐って丹田にすべてを呑み込んで、そこで練って練って浄化されてから作用する。剣道にもこれを当てはめている。これをやれば捨身になれる。これをやると捨身になれるし、身離れもよくなり歯切れの良い稽古が出来る。それには坐り続けることだ。『丹田』田は物を作るところ、田を鍛えることが大切だと思う。丹田が固ければ固い程瞬発力が強い。剣は溜めと云われるが、腹の底の溜めと瞬発、これが吻合した時、捨身になれると思う。坐りながら自分を目の前の壁の中に入れてみる。そしてこちら側から自分が第三者として凡《あら》ゆる角度からじっくりと眺めて見る。現象界の自分を宇宙実相の中に嵌めてみる。そして又、現象実在の自分に帰る。その往ったり帰ったりが人間形成の道程ではないかと思う。私が坐って来たのはそれだけでそれ以上の難しいことは分からない」

また、同誌の記者は「範士は技を出す前に他の人と違うところがある。溜めに溜め、練りに練っているうちに現れた機会に捨て身で打って出る。その間、不用意な、軽率な技は出さない。範士の場合は一本の面、一本の小手、一本の突き、全てが技を出す前に溜めに溜め、練りに練った上での機会を捉えている。範士に次のような話を聞いた。「どんな人にも何時かは機会がある」。この言葉の裏にあるものは相手と対峙して、寸毫も気の緩みを作らずに一分、二分、三分と溜め、練り続ければいつかは耐えられなくなって来る。その辛抱が出来るか否かにかかってくるのだ。この辛抱が大切なことである。ただ此処で若い剣道家に誤解して欲しくない点は、この辛抱を続ける間に居着きがあってはならないことである」と。

最後に楢﨑先生が巣鴨プリズン時代に作った短歌を紹介する。

世の人のなべて眠りの深き頃　巣鴨の空に人霊昇る
一週の木曜の夜の九時にして　吾らが生命切りかえられる
執行の呼び出し受けし夜の床に　綿毛の如く起ちぬ
妻の影礫《つぶて》の如くひらめきし　たまゆらの身を壁に寄せけり
一週の生命《いのち》の延びし朝の陽の　淡き窓辺に吾は寄りおり
三月の天つ光の豊かなる　朝に再び吾は生れき
窓をすきて遠空碧く澄みたれば　朝の草煙の味さえすがし
天づたう者の光を澄みゐつつ　小さき生命《いのち》と我が思わなくに
梅干の古き酸味が歯に残り　今朝郷愁のいやましにけり
新婚の一日一日をたたみたる　遠き想いの今よみがえる
時折りは母に対《むか》いてしみじみと　名のみの妻の歎き言いふらし
おもほえぬ死の判決に面伏せて　泣きゐし妻のおもかげ消えず
ほの暗き五棟の奥の独房に　鋼鉄《はがね》の扉我れを閉せり

とほり魔にひかるる如く今宵また　奥の房より一人死につく
今生の別れ告げゆく君が手に　最後《つい》の煙草の火はあかかりき
死にゆく友の一声お先にと　夜更《よふ》けの廊に聞きとめにけり
しんしんと更けまさりゆく夜の床に　地軸のどよみ聞ゆるが如し
三人の狂者かたみに足投げて　眠れぬ夜を雨降りしぶく
処刑場《しおきば》につづく寒夜の石廊を　ひかるる思い我をよぎりぬ
現身《うつしみ》の恋をとげつつ幸いし　妻を思えば死なれざりけり
呆然と佇ちゐる狂者憫《あわれ》めば　萎《しな》へし魔羅も洸ひてやりぬ

以上、「武蔵会に於ける楢崎正彦の言語録」を抜粋して掲載しましたが、冒頭にも記しましたが、一部私の個人的注釈が入っているところもありますが、殆どが楢崎先生の言葉です。

第七章　誌上再現　現代名勝負十番

現代名勝負

解説・題字●**楢崎正彦**

名勝負の生まれる条件、
それは試合者双方に
剣道の本質を求める心があり、
しかもそれが充実していること。
そして剣道の理念である
人間形成の実が
そこにくり展《ひろ》げられていることです。

（楢崎正彦範士談）

取材・まとめ／**石井孝春**
いしい・たかはる／昭和22年秋田県横手市に生まれる。剣道は中学一年から始め、加藤春作教士に手ほどきを受ける。横手高校では、同校ＯＢの若林信治範士や、古川汎仁教士、部長の戸沢広海教士等に指導を受ける。雑誌編集を経てフリーとなり、剣道など主にスポーツ関連の記事を執筆する。

名勝負、それは剣道を〝行〟として励み、ほぼ形成された者同士の立合の中に生まれるものだと考えます。〝行〟として励むということは、剣道の本質を求める心が根底になければなりません。つまり「正念《しょうねん》」です。小川忠太郎先生は念々正念〟とおっしゃって、ふと浮かびまたふと浮かぶ一念を正念化する工夫と努力が大事だと説きました。「正念相続」です。剣道の真の行とはまさしくそれであろうと思います。

〝正念相続〟の過程で人間は形成されていきます。形成された個には〝無住心《むじゅうしん》〟すなわち住するところのない心、とらわれることのない心が満たされています。空《くう》意識、無の意識、あるいは不動の心と表現してもよいでしょう。

その形成された個と個、すなわち〝できた人〟と〝できた人〟が竹刀を通して相対する立合は、必然的に名勝負となります。身心共に死生の間《かん》にあり、その中で勝負を争う。しかしながら勝敗には決してとらわれない。ここが一番大事なところです。

勝とう、打とうの心が生じたとき、それは名勝負に程遠いものです。あるのは正心と正心の触れ合いであり、不動心と不動心、克己と克己、人格と人格のやりとりです。真の名勝負とはそういうものだと思います。技も大事だが、まず気と気との競り合い、動くか動かないかということです。

一方、若手同士の試合の中にも衆目を集め、感動を覚えさせるケースも多くあります。広義に解釈するなら、これも名勝負と言ってさしつかえないでしょう。段位で言えば六段同士、七段同士。年齢的には30歳代、40歳代同士です。

さて、そこに名勝負が生まれる条件は何か。いくつか考えられますが、まず試合者双方に剣道の本質を求める心（正心《せいしん》）があり、しかもそれが常に充実していること。年代、熟練度によって勝負の内容も自ずから違ってくるでしょう。しかし、底に流れる本質は変わってはならない。要するに将来、先ほど話した真の名勝負へつながる一本の線上にあることが肝要となります。

剣道の本質とは、剣道の理念の修錬から人間としての本体を学ぶことです。そのような真剣なる姿勢が修養心をつくり、その心に従って日々の稽古を積む。それが〝行〟としての稽古であり、全剣連『剣道修錬の心構え』で「剣道を正しく真剣に学び心身を錬磨して旺盛なる気力を養い、剣道の特性を通じて礼節を尊び、信義を重んじ誠を尽して常に自己の修養につとめ――」というところのそれです。

この本質、本体、自己を求めていく中の試合こそ、すなわち名勝負につながるものと思います。

たとえば30歳代の場合としては、「論語」にある「三十にして立つ」の心境、まだ多分に技と技の勝敗にとらわれる時期でしょうが、しかし真剣に修錬を積むほどにやがて徐々に本当の勝ち、すなわち心の勝ちを真正と考えるようになってきます。精神の集中、肉体の統一により、攻めの中に心が動いたか動かなかったか、ということを重要視するようになるのです。個々によって早い遅いの差はありますが、遅いからと言って悲観することもありません。大切なのは、その修錬の過程において常に本道から外れることがないということ、本質を求める心を失わないということです。それがいずれは名勝負を生む軌道となるのです。

いつ頃からか、私は自己の勝負に自分で判定をするようになりました。審判の裁定とは別に自分の中に勝ちと負けを意識するようになりました。これは自分自身が一番よく分かっていることです。判定では勝っても、真の勝負としては負けていたと認めざるを得ないケースも何度かありました。

相手の攻勢なる面打ちに対し、万障繰り合わせた小手のおさえで勝ちは宣告されたが、恥ずかしく退がった経験もあります。本当は私の負けです。そういうことの積み重ねで段々真正なる勝負に挑んで行き、名勝負の心境に近づきたいものです。

また動いたか動かなかったか、動きは迷いからくるものです。打とう、負けまいは心のさわぎ、それを沈める為に気を養うことを教えられましたね。

至人《しじん》と言われる方の試合は肚がすわってますね。まず名勝負の条件として丹田、腰のすわりをつくることが大事です。剣道の構えの土台と言ってもよいでしょう。腰がすわれば構えが自然で整っている。そして構えなり姿勢がそうであれば、気海丹田は体中にあり、心気は納まり、肚、腰のすわりが自覚できます。したがって上半身の圧力は抜けて、それだけ心気の流れはなめらかとなり、体全身に均《ひと》しく行き渡っています。動きも自在となり、無意識の意識で万事に気がいきます。

そこから出る技、これは腰の気力から出る打突で、よく伸びていきます。捨身の技（心を捨て切った技）となって思うように用をなします。これこそ「應無所住而生其心《おうむしょじゅうにしょうごしん》」、こういう心境の試合が、やはり人目をひきつけます。

ある先生からは「打突の気は肚が命令するんだ」とよく言われました。また昔の教えに「鍔の上に臍を乗せる」ということがあります。一刀流では腹と腰と顎、この三つの釣り合いを説いています。

要するに腰のすわり、肚のすわりの大切さについてそれぞれ教えているわけです。

ちなみに〝三つの釣り合い〟とは腹が充実すれば腰がすわり、腰がすわれば顎は正しくなる。逆に腹がぬけると腰が引け、腰が引ければ顎が出る。したがってこの腹と腰と顎の釣り合いが名勝負を生む構えの自然体ということです。

機会を識《し》り、肚が命令する打突は、当然腰から出る打突であるからよく伸びていきます。その発した〝気〟も、打突部位を超えて、その先まで行き、結果として伸びのある打ちとなる。そういう打ちは全身が手の動きと同調し、剣先は打突の方向へ進みます。〝気〟が途中で消えることがないから、打突後の整えも万全となり、理想的な残心美となるわけです。

最近見る試合で、面打突の瞬間、剣先が天井を向いている人を多く見かけますが、これなどは打突と同時に気が消えてしまっている。発した〝気〟の終点を失《うしな》っているわけです。当てっ放しになっているのです。物事には出発点があれば終着点がなければいけません。終着が打突後のまとめをつくる。このまとめのある試合は、見ていて美しい。そこまでが剣道の試合の良さです。死に合って最後を見とどけるまでの試合が名勝負の条件ではないでしょうか。

相手に委《まか》せて勝つという試合は、最近なかなか見られません。

先ほど腰のすわり、肚のすわりは剣道の土台であると言いました。私自身、肚、心の有り様《よう》が気になり始めたころから、そのように考えて、ではどうすればそれが求められるかをいろいろと工夫努力を重ねてきたわけですが、それと併行して心気（正心・正気）の発生、つまり本当の心、本当の気ということも考えるようになりました。腰のすわりが肚のすわりとなる、そして肚のすわりは心気の納めにあるはずだ、という思いに到ったわけです。

現代人がいざ本番という時に実力が発揮できないのは、普段から腹の鍛えがなかったからです。肚の鍛えはやはり呼吸法ですね。腹筋の鍛えです。

今、私はこうも考えています。「肉体は気を吸収し、また気を発するものである」と。上半身と下半身、本来は一体ですが、それぞれに違いがある。

河野《こうの》十全《じゅうぜん》著『「気」で鍛える』に次のようなことがありました。

「下半身は大宇宙の中に生かされている部分。その下半身には人間の本尊、本宮が存在します。すなわち人間生命の大本であり、存在の根源で偉大なる器官であり気官であると意識するとき、我々は大気によって宇宙に生かされていると実感を覚えます。真人《しんじん》の息は踵息《しょうそく》すると言われます。この下半身の本尊（男）、本宮（女）から大宇宙の大気（浩然の気）を吸い込み、空意識、無意識層を経路として丹田に溜め込みます。上半身は心臓や肺臓があり、自ら生きようとする諸々の機能がここにあります。生かされている下半身に対し、上半身は自ら生きる力を感じるところであります。上半身のこの肺から呼吸した気は、五官意識と潜在意識、さらに感情という経路を通りながら丹田に落としていきます。下半身からの生息《せいそく》（生かされ気）と肺からの吸息《きゅうそく》が丹田で一つとなり、腹筋の作用により練りに練り、鍛えに鍛えられたそのものが〝魂〟という気のかたまりになる……」ということが記されていました。私も斯様に考えております。そこに不動の心、泰然自若の腰が養われるような気がします。それこそ清澄至極のもの、正心、真心が肚にすわってくるように覚えます。恐懼《く》疑惑に動じるということはなくなってくるはずです。これを〝正念相続〟していけば、剣も自ずから正しくなると信じております。

動じない心は静の状態にあります。その静の心を持して相手に向かい、機に迫っていきます。その静をどこまで自分が保てるか、求められるか。これも修行の一つではないでしょうか。これこそ克己心です。心が静なら、明智、そして一瞬の勇断は可能となります。勇断と同時に静は動に変わります。静中動とはこのこと、静中に動があるという意味ではありません。静はあくまでも静であり、しかし動の兆《きざ》しを充分にはらんでいるということです。だからこそ、単なる静とも言えない。私は〝寂静《じゃくじょう》〟と呼んでいます。この〝寂静〟の剣境、これが今の私にとって追い求めるべきところと思っています。どこまで修行すればその剣境に到達するのか分かりませんが、求める姿勢だけは持ち続けたいと思っています。そしていつの日か、初めに述べた真の名勝負に近い立合をしてみたいものです。

※対戦時の称号段位。
各選手の経歴は剣道時代掲載時

現代 名勝負1

昭和63年●第36回全日本剣道選手権大会三回戦

西川清紀 教士七段（東京）

にしかわきよのり／昭和30年熊本県宇土市に生まれる。八代第一高校から警視庁に入る。八代第一高校で村津重治教士に教えを受け、警視庁では、当時主席師範だった森島健男範士をはじめ、佐藤博信範士、西山泰弘範士等に指導を受ける。全日本選手権16回出場（優勝3回、2位1回、3位3回）、全日本都道府県対抗優勝、国体優勝2回、世界大会優勝2回、全国警察大会優勝8回、同（個人）優勝3回。現在、警視庁剣道教師。

×

古川和男 教士七段（北海道）

ふるかわかずお／昭和29年長崎県佐世保市に生まれる。西海学園高校から東海大学に進む。西海学園時代は岩永正人範士に、東海大では井上正孝範士、橋本明雄範士等に指導を受ける。卒業後、東海大第四高校に勤務、同校剣道部を全国レベルの強豪校に育てる。全日本選手権大会10回出場（2位1回）、全日本都道府県対抗優勝2回、国体2位、世界大会（個人）2位、全日本七段（岩手）大会優勝。現在、東海大学第四高校教員。

気の充実が両者の剣先に表われ、〝実〟と〝実〟が烈しくぶつかり合う。しかしその〝実〟にわずかの差があり、それが勝負の明暗を分けた

同学年の両者。当時、西川選手は33歳、古川選手は34歳だった。まさに当たる盛りだ。警視庁の主将を務め、前年、本大会2度目の優勝に輝いている西川清紀選手。対する古川和男選手は、これまで9回の出場を果たし（準優勝1回）、全日本選手権の〝顔〟的存在になっていた。

蹲踞からすっくと立ち上がり、すぐ一足一刀の間合になる。剣先が烈しくからみ合い、7秒、8秒、9秒。と、クッと剣先を下げて古川選手が攻め入ろうとする。構えを崩さず、スッとわずかに西川選手が退《すさ》る。そしてもう一度、古川選手が同じ動きをするや、今度は西川選手も小手を攻めるように剣先を下げ、半足長ほど攻め入る。跳ぶようにして大きく引く古川選手。しかしなおも西川選手の強い攻め気が伝わるのか、そこから竹刀を突き出し、中心を抑えて体を寄せていく。

間合が切れ、鍔ぜり合いとなる。

両者の充実した〝気〟が互いにしっかり通じ合っています。負けるものか、逃げるものか、といった気分がよく見え、いかにも当たる盛り同士らしい合気となっています。

分かれて、しかし両者の縁は切れていない。古川選手が剣先を下げる。その動きに西川選手がすかさず乗って出て、小手に切り込む。受けてかわす古川選手。

構え直し、一呼吸置く。古川選手が右に回り込みながらズッと間合に入り、諸手突きに出る。同時に西川選手は出端面にいく。古川選手の切っ先は西川選手の突垂れをかすめて左に流れ、西川選手の面が見事に決まった。

古川クンは少々強引すぎましたね。気分を切っ先に乗せたのはいいが、「いくぞっ！」という彼の持ち味、その気分が手元の力《りき》みとなってしまいました。手元に力が入っては、部位を正確にとらえることはできません。左手は定まりを、右手は方向を見失ってしまうものです。

それと、ここは右に回り込まず、真正面からいくべきだった。正面からの突きというのは中心を抑えたそのままいくわけですから、たとえ面に来られても、その打ちを消すだけの強さがあります。面打ちは突きに比べ中心を抑えている時間が短い。その差が突きを優位にするわけです。

もしかしたら、西川クンの剣先がしっかり中心をとっていたため、古川クンとしては意識的ではなかったと思うが、右に回り込みながらいくしかなかったのかもしれません……。

西川クンの面は鮮やかでした。瞬間の決断が良かった。場数を踏んでいて、リラックスした状態だからバッと身体が反応したのでしょうけど、気持ちで全く逃げていないからそれが出たわけです。両者の気と剣と体がガッチリぶつかり合った、見応えのある応酬となりました。突きと面、これが勝負の見所でした。


二本目、互いに間合を詰め、そこから剣先を下げて体《たい》を沈め合う。古川選手が竹刀を突き出して中心を抑えてくるところ、西川選手が諸手突きに出た。右に流れる。

鍔元が合わさって、すぐ分かれる。直後、攻め合いから西川選手が面に跳ぶ。すかさず面に合わせる古川選手。共に不充分だ。西川選手はわずかに腰が残り、古川選手は一瞬早く乗ったが、合わせようとした打ちだけに、体が伸びきって手打ちとなっていた。

体を寄せ合ったその場で向き合う。古川選手は竹刀を上にとり、振りかぶったままだ。その右小手

中期国
ファンド
西川

に西川選手が切り込む。しかし打ち切れない。次の瞬間、古川選手の竹刀が西川選手の面に打ち下ろされる。面が決まった。

古川クンが決めた打ちはともかく、打ち合った後の両者の〝気〟のつながりが素晴らしい。一瞬たりとも萎えることがない。それがあるから、パッと体が元にもどり、すぐさま攻め合い、あるいは理にかなった打ち合いとなる。稽古の充実が〝気〟の充実となり、体の万全な調《ととの》えとなっています。やはり好試合ですね。

一本一本の勝負となる。西川選手が小手打ちに出る。鍔ぜり合いから分かれて、再び西川選手が小手にいき、面に渡る。古川選手は中心を抑えて打たせない。

次に、古川選手が片手突きに出る。すかさず払い流して引き気味に面打ちを放つ西川選手。

これまでの流れを見ていると、この突きは無意味だったのではないだろうか。どこにもつながっていきそうにない。次につながる技でなければ、その技は無駄です。

構え直して、西川選手が剣先を下げて出てくるところへ、古川選手が気分で乗って面といく。西川選手も出小手で応ずる。そしてもう一度、同じ展開から古川選手が面に出る。

機会は良かったが、〝気〟が充分にいっていなかった。体《たい》はすかさず反応していただけに惜しい打ちです。決まる技というのは伸びるもの。そして伸ばすのは〝気〟です。〝気〟がいっていれば技は生き、いっていなければ死んでしまいます。

珍しく、古川選手が裏から払っての胴打ちを見せる。それを余して西川選手が面にいけば、その手元に古川選手は小手に切り込む。

　鍔ぜり合いから分かれる。西川選手が面に跳ぶ。短い。その後、二、三合あって延長となる。

終盤は、両者共、相手に寸分の隙も与えなかった。ところで、ここまで二人のそれぞれの打突を数えれば、ほぼ同じになるのではないでしょうか。もしそうだとしたら、それはしっかり合気となっていて、しかも切れることなく、ずっと続いているからといえます。受けっ放しの技がなかった。「受け即打ち」の連続、ここに名勝負を見いだしました。

　西川選手が間合を詰めて出るところへ、古川選手は面に乗る。胴に変わる西川選手。向き直って、今度は西川選手が面に跳ぶ。同時に古川選手は諸手突きに出る。その烈しい〝気〟そのままに出した突きは外れたが、勢いの強さに西川選手は大きく後ろへ倒れる。

　西川選手が竹刀を納め、面紐着装などを整えた後、試合が再開される。

　カチカチと剣先が触れ合い、間合が徐々に詰まっていく。しかし共にそれ以上詰め入ろうとはしない。40秒ほどの中断がこれまでの二人の合気を途切らせたようだ。

　やがて、その間合から古川選手が竹刀を担ぎ、打って出ようとする。すかさず西川選手が面に乗った。いまの面は良かったと思います。担がれると一瞬、驚いて、心を動かすものだが、西川クンは全く動じていなかった。有効打となってもおかしくない打ちだった。

　鍔ぜり合いから、互いに右に回り込むようにして慎重に分かれる。

　構え直して、西川選手が剣先を小さく下げるや、古川選手が面と出る。西川選手は相手のその動きを読んでいたか、古川選手の面打ちを余裕をもって余しざま小手に切る。この小手もいいですね。古川クンの竹刀は空を切って落ちている。技が完全に尽きているわけです。機会としてはこれ以上ない絶好機でした。決まらなかったのは、打ちが少し深かったのかもしれません。

その後、数合して、西川選手の諸手突きが出る。引きながら体を反らす古川選手。とらえたかのように見えますけど、直に部位に届いていないので一本にはなりません。古川クンが体を背一杯後ろへ伸ばして間合を切っているだけに、グッとではなく、スルスルと下からなめるようにいって部位近くに届いたという感じでしょう。古川クンは前と左右だけでなく後ろへ反る体のキレは人並み以上だと感じました。

さらに数合あって、時間となる。

延長2回目。審判の「始め!」の声がかかってすぐ、決着はついた。

スーッと間合を詰めた西川選手。古川選手は大きく退る。そこへさらに西川選手は乗るようにして出て、小手に跳び込む。面と合わせ、さらに面、もう一つ面といく古川選手。その最後の面を打とうとして手元を上げるところへ、西川選手の小手が決まった。

二本目を古川クンが返した時とそっくり同じ場面になりましたが、西川クンが落ち着いてさばき、小手を決めました。

西川選手の良かったところは、受け即返す、引いて出る寸分の隙のない間と間合のとれた試合で、観る人を感動させたと思います。

古川選手の突き技は諸手・片手ともに得意とする技です。終始、自分の得意技を発した試合は稽古の賜物でしょう。気の剣道を見せてくれました。相手が攻めてくれれば、それを乗り返す気の充実が溢れていました。

◉

◆いま、あの試合を振り返る……◆西川清紀教士七段（談）

優勝した翌年ということもあって、緒戦などはすごく緊張して固くなっていたと思います。ところが古川選手との三回戦では、その固さもすっかりとれました。当時、古川選手の名前は全国に知れていましたし、勝ち負けは別にして、思い切っていこうという気分になったのです。

構え合ってすぐ、古川選手の強烈な気は伝わってきました。ビンビンという感じです。この気迫に負けてはいけない、そんな気分で私も向かっていきました。攻め合う中、自然と気分が前に出て、高まっていくのが分かりましたね。

一本目の面は、そんな気分のまま、無意識のうちに出ていました。狙って打った打ちではありません。相手が出ようとするところ、突こうとするところへ自分も思い切って出ていこう、確かにそんな気分で対していましたが、技として狙ってはいませんでした。狙っていたら、間違いなく突かれていたと思います。相手がくるなら、自分も出る、そんな気分が持続していたから、自然と面に乗ることができたのではないでしょうか。

そのころ私は、ともかく相手が10でくれば自分も10で出て返すという形の剣道でした。かわすとか、引き込むということができなかったのです。今でもそうですけどね(笑)。

二本目の古川選手に返された面打ちは、縁の切れなど流れの中で、見事に打たれてしまいました。あそこは立て直しの問題です。打ち合った後、古川選手はすぐに気分を立て直し、中心をとって打ってきた。私の駄目なところであり、古川選手のすごいところだと思います。古川選手にしても、あの打ちは多分、無意識だったでしょう。それも気分の立て直しがしっかりできていたからこそ、思わず技として出ていたのだと思います。

それにしても、古川選手は思い切りの良い、歯切れの良い剣道をされます。私などは慎重になり過ぎる嫌いがなきにしもあらずです。だから、彼との対戦では、思い切っていくこと、自分の技を存分に出すことの大切さを痛切に感じさせられました。古川選手とはこの時の対戦が初めてであり、その後は一度もありません。この先、どこかでもう一度やってみたいものです。

◆いまあの試合を振り返る……◆古川和男教士七段(談)

序盤、私は諸手突きにいきました。あれは自分の剣道をやるんだ、という気持ちをそのまま出した突きです。

試合前、付き人をしてもらった生徒とこんな話を控室でしました。「一本目、先生は突きにいくよ。多分、西川選手は出端面にくるだろう。そうと分かっていても、先生は諸手突きにいく。

先生の突きが決まるか、西川選手の出端面が決まるか。互いの剣道と剣道の勝負だ」と。その生徒は「先生、周りに聞こえますよ」と言ったけど、聞こえたってかまわない、自分の剣道は変わらないし、まして相手は西川選手、自分の剣道をするだけだ、と考えていました。

試合は予想した通りとなり、見事に出端面を打たれましたけど、後悔とかは全くありませんでした。試合巧者の人が見たら、なんて馬鹿なと評するかもしれませんが。しかし私は、あの場面はあれで良かった、あの突きはもっとも自分らしかったと今でも思っています。

諸手突きは、攻め勝っていなければとても出せるものではありません。あの場面、決して自分のほうが攻め勝っているとは思えなかった。それでも敢えて突いて出たのは、攻め負けるものか、という気分が強く、そんな気分そのままに出ていったというわけです。

西川選手の出端面は完璧でしたね。打たれた本人がこう言うんですから、間違いありません（笑）。

その後も、私は何本か突きにいき、自分なりに、惜しかった、もう少しためていけばもしかしたら、と思えるものもありました。しかしそれはそれ、自分の中では序盤の一本目で勝負は決したという思いが強かったですね。

延長の1回目でしたか、西川選手が面にきて、私が諸手突きに出、突き倒してしまう場面があります。あれは攻めて、渾身の力で突きにいきました。普通、突きが届いた瞬間、相手の動きは止まるものです。ところが西川選手の打ちは止まらなかった。グワーッと乗ってくるようだったのです。だから突き放すような形になってしまったのです。西川選手の面打ちの素晴らしいところです。

あれ以来、彼とは対戦する機会がありません。でもそのうちいつか、竹刀を交えることはあるでしょう。

〝合気〟と〝実〟ということ

それにしても、この試合は烈しい打突の応酬となりました。しかし、そのどれもがとは言いませんが、ほとんどは打って出るべき機会だったと思います。互いに充実した〝気〟で攻め合い、間合が詰まっていきます。そこは生と死を分ける厳しい間合、つまり死生の間です。しかしそこで西川クンも古川クンも〝気〟はしっかり充実していました。当然のように、一方が動けば同時に他方も動きます。結果、打突と打突がぶつかり合う。観衆からすれば「今だ、さてどちらの打ちが決まるか！」ということになるわけです。息を呑んで見入るはずですね。

二人がつくる死生の間が見え、そこにおける両者の必死さ、一所懸命、それが伝わってくるのです。意識的に縁を切ったり、展開を読み戦略的に試合をつくるということは両者に全くなかった。充実した〝気〟のまま合気となり、互いに堂々と相対し、攻め合い、技を尽くした好試合でした。名勝負といっていいでしょう。30歳代のこの時期は、こうありたいものです。こういう勝負を経ているから、いずれ二人の剣道は実を結び、本物にたどり着くでしょう。

勝負を分けたのは、稽古量とそこから生まれる〝気〟の充実の差だったかもしれません。

〝気〟の充実、それは〝実〟です。〝実〟の対極は〝虚〟ですが、西川クンと古川クンにはなかった。〝気〟の充実そのまま、すなわち〝実〟と〝実〟がぶつかり合ったわけです。

〝実〟と〝実〟がぶつかり合ったとき、相打ちとなるとはよく言われます。確かに同じ充実度の〝実〟、つまり強さ大きさの同じ〝実〟同士がぶつかって、打突が同時だった場合、両者に旗を挙げるわけにはいきません。そこで、相殺《そうさい》、相打ちとなるのです。しかし実際は、そうでないケースが多くあります。それは同じ〝実〟とはいえ、〝先〟の強さ、中心のとり方、体の入れ方、技の速さなど目に見えないわずかな差があるもので、その差がどちらかに分のある打突となって現われてきて、一方の打突が有効打となるわけです。

また、〝実〟そのものにも一瞬一瞬の強さ、弱さがあります。言い換えるなら、充実度の大・小です。〝実〟の最大を10として、10同士がぶつかり合い、その中で一方が8になったり、また10にもどったりするわけです。8になり、7になった時、それは崩されつつあるということになります。充実が失くなりつつあるのです。しかし〝虚〟になったわけではない。〝虚〟は、いうなれば限りなく0《ゼロ》に近い状態でしょう。驚・懼《く》・疑・惑などはまさにそれです。

相手の充実、すなわち〝実〟を10から8、7、6と崩して優位に立ち、そこを10の充実で打つ。自ずから勝負はつきます。崩す力は、稽古の量であり、修錬の深さ、精神力などです。また、崩されて10

にもどす力も、稽古量、修錬度、精神力です。

力量差が明らかなケース、それは〝実〟が初めから相対的な10と3となっているわけで、たとえれば中学生と大学生が試合をしているようなものです。〝実〟と〝実〟のぶつかり合いとはいえ、このように勝負を大きく分けていきます。〝実〟をより大きく、強く、しかも常にそれを保てるようにすること、これも剣道修行の一つの形といえるでしょう。

現代 名勝負2

平成6年●第40回全日本東西対抗（山口）大会二十一将戦

東軍●大野裕治 教士七段（東京）

おおのひろはる／昭和24年生まれ。福岡県出身。福岡県東筑高校卒業後、警視庁に奉職。全国警察選手権大会（優勝2回、準優勝、3位1回）、世界選手権大会団体優勝、全剣連創立30周年記念選手権者選抜優勝大会準優勝。現在、教士八段。警視庁剣道師範。

×

西軍●山田博徳 教士七段（熊本）

やまだひろのり／昭和23年生まれ。熊本県出身。熊本県鹿本高校卒業後、熊本県警察に奉職。全日本選手権大会10回出場（優勝、準優勝、3位3回）世界選手権大会団体・個人優勝、沖縄県立武道館落成記念全国八段大会優勝。現在、教士八段、熊本県警察剣道首席師範。

序盤は五分と五分の気分だったが、中盤過ぎて、攻める側と受ける側の有利不利が、そのまま気の充実の優勢劣勢となって現われた

共に警察官、年齢は山田選手が46歳、大野選手が45歳。しかし、これまで両者が公式戦で対決することは、警察選手権を除いて一度もなかった。その警察選手権も一度だけで、大野選手が初優勝した年の三回戦だった。昭和51年のことである。そしてこの年、平成6年。実に18年ぶりの対戦となった。

◉

主審の「始め！」の声が掛かる。立ち上がるや、山田選手がスッと右足をすり出して構える。一方の大野選手は、左足を一度左にさばき、そして右足を小さく出す。切っ先が交差する。交刃の間だ。両者の肚からの気合、それぞれにいいですね。肚にためた気、それが一瞬はじかれて発せられる。山田クンは相手を圧する鋭い気合。対して大野クンの気合は山田クンのその気合を抑えるような力強さがあります。互いの気と気が烈しく戦っている、両方の発声にも余韻と残心が手にとるようにわかる気合の応酬です。

「オリャー！」と山田選手が気合を発し、「ソリャ！」と大野選手が応ずる。

右に回り込む山田選手。回り込みながら表から中心をとり、間合を詰めて出ようとする。しかし、大野選手も剣先を中心につけて山田選手の攻めに応じ、逆に乗り返す動きを見せる。

一度、二度、山田選手が足幅をやや広くとって、同時に剣先をスーッと下げる。袴の裾が前後に揺れている。強く烈しい〝先〟懸かりの攻めだ。大野選手の剣先も下がる。しかし押さえるようなことはしない。そのまま2秒、3秒……。

両者の剣先が元にもどり、再び山田選手が右に回り込む。

山田

息を呑むような、いい攻め合いです。

山田クンは、まず蹲踞から立ち上がってスッと右足を出し、旺盛な〝先〟の気を見せました。そしてその〝先〟の気で相手を動かそうとしきりに仕かけていっています。剣先の動きを見ていると、表から厳しくからめていっていますが、まるで燃えているようです。時に足幅を少し広くして、その前足に腰を乗せたりもしています。これもそうです。仕かけているのです。

山田クンの剣道はいろいろなところで見ていますが、剣先が死んだり遊んだりということが全くない。心つまり気ですね。これが中心となり、それに足と剣先が連動しながら〝一つ〟となって打突部位をとらえにいっている。ほんの一瞬たりとも隙は許さないぞ、という気の張りが感じられます。

一方の大野クンも堂々と応じています。来るなら来てみろ、いつでも乗り返していくぞ、という気分が見えますね。両者の比較からいえば、大野クンの方が受けに回っている感じがありますが、山田クンの仕かけに全く動じていないし、また瞬間、瞬間には攻勢をかけています。山田クンが圧し、そして大野クンが圧し返す。まさに気争いは五分と五分といえます。

1分が過ぎる。間合はまさに一足一刀のところだ。わずかに山田選手が出る。すかさず大野選手もツッと詰める。と同時に、山田選手が大きく振りかぶって出る。そこへ大野選手が切り落とし気味に面といく。それを避けて素早く小手に変わる山田選手。

大野クンの一瞬の詰めを山田クンは打ち気と見たのだろうか、間髪を容れず振りかぶった。このあたりは当人でなければ分からないところだが、なにか、山田クンのそれは相手に応じた動きのように見えました。

大野クンはその振りかぶりに対し、面と読んで切り落としの絶好機をとらえた。だが、打った時の体勢を見ると、思わず身体だけが反応したという感じですね。来た、ここだ！　という気分の充実が見えません。いうなれば切り落としという技、先の氣、これが充分でなかった。充分だったら多分決まっていたかもしれません。要するに、自分がつくった機会ではなく、突然、それも思いがけずに現出した機会だったのでしょう。だから、切っ先は山田クンの右肩に流れた。そういうことではないでしょうか。やはりこの一合、展開の主導権は山田クンの方が握っていたわけです。

鍔ぜり合いとなり、そして間をおかずすぐ分かれる。

攻め合いが続く。カチカチカチ、竹刀の触れ合う音が静まり返った場内に響く。表から中心をとり合い、二度ほど両者の剣先が同時に下がる。共に退がらない。間合が詰まっていく。山田選手が技を出そうとするが、大野選手も体を寄せて出て、鍔元が合わさる。

この場面、退いた方が打たれていたと思います。ところが互いに一歩も退かない。充実と充実、つまり実と実が真正面からぶつかり合ったということです。

構え直して、すぐ厳しい攻め合いとなる。山田選手の剣先が真っ直ぐ中心を抑えていく。時折、大野選手が剣先を下げる。山田選手の攻めを牽制するかのようだ。

間合が徐々に詰まっていく。スッと、山田選手が剣先を下げる。一瞬、大野選手の竹刀が立ち、かすかに小手が浮いたがすぐ元へもどる。

山田クンの厳しい〝先〟懸かりの攻めに、さすがの大野クンも動かされたね。

すかさず、さらに同じ攻めを見せ、詰め入ろうとする山田選手。大野選手は剣先を下げながらスッと引き、間合をとる。一瞬、間をおいた後、大野選手の下げた剣先が上がってくる。そこをまた山田選手が剣先をスッと下げて攻め入る。大野選手の手元が浮いた。山田選手が小手に切り込む。大野選手は剣先を中心につけて気力でこれを許さない。山田選手はさらに面打ちを放つ。

いいところでしたが、山田クンは小手が見えてから打ちに出た。このレベルでは見えてから打ったのでは遅い。

それにしても、いい攻めでした。間合がだんだんと詰まってきて、もはや引くに引けない、かといって出るに出られない、そんなぎりぎりの間合で、山田クンが激しい攻めを見せました。もちろん、ここまで山田クンが攻勢を保ってきたということが大野クンの心を動かした下地になっていますが、もっと大きいのは〝先〟懸かりの攻めの姿勢と、対する受けの姿勢、この差だったと思います。大野クンも、いつでも来いという気迫はありましたが、やはり受けに回っていた。それが、このぎりぎりの間合になって大きな差となったわけです。

いくぞとばかりに〝先〟にかかって攻勢をかける山田クン。来るなら来い、いつでも切り返すぞという感じの大野クン。序盤は五分と五分の気合でした。しかし時間の経過とともに攻める側の有利、受ける側の不利がそのまま充実の優勢劣勢となっていった。大野クンといえど、やはり徐々に気の充実を欠きつつあったといえます。それまでにしっかり納まっていた気が、少しずつ上がっていったわけです。一方、山田クンは大野クンのそのあたりをしっかりつかみながら、ジワッジワッと攻めていったといえますね。

元の位置にもどり、分かれて構え直す両者。一、二度、大野選手が左、右と体をさばきながら攻めて出る。山田選手は、ほんのわずかすさって応じ、そこからスッと出て相手の剣先を表から強く払う。面、面といく大野選手。一打目を余してかわし、二打目は竹刀で難なくさばく山田選手。

この大野クンの打ちは気が向こうに抜けていない。打つぞという気分から出た技ではなく、どちらかというと、仕方なく打って出たという感じですね。だいたい大野クンは一本打ちで決めることが多く、二段打ちなどほとんどしません。防御の気持ちがそのまま打突になったというところでしょうか。

その後、大野選手の面を攻めての小手打ちが出て、すぐ制限時間の笛が鳴る。

元にもどる両者。延長だ。

ここです。大野クンは構えを解いて元にもどったけど、山田クンの剣先は構えたそのまま剣先を相手につけています。たまたま左に移動するだけだったからともいえますが、気分が切れていないのがよく分かります。これはとても大事なことです。延長に入って、改めて気分を高めていくのではなく、そのまま試合に入っていくことができるわけです。

構え合ったまま、10秒、20秒と過ぎていく。ジリッ、ジリッと大野選手が詰めて出る。山田選手は動かず、その剣先も構えたそのままの位置にある。やがて30秒が経つ。山田選手がスッと右足で詰め、気当りを見せると同時に竹刀を小さく立てる。大野選手の手元が浮く。この辺りから打ち気が少々見え始めた。機会か、しかし山田選手は打っていかない。大野選手が竹刀を元にかえそうとする。山田選手の剣先は利いている。そして元にかえりつつあった大野選手の、そのわずかに上がっている手元に山田選手が鋭く切り込む。一瞬、大野選手はすり上げ面にいこうとする。しかし山田選手の小手打ちが一瞬早く鮮やかに決まった。

大野クンが竹刀を下ろして、そこから打って出ようとする気配をとらえたようにも見えましたが、ビデオをじっくり見る限り、大野クンが竹刀を下ろしつつあったその一瞬を打っています。そして、大野クンは山田クンが打ってきたので小手すり上げ面に出ていますね。

見事な小手です。打突部位に届く前から審判の旗が挙がってもおかしくないくらいです。あのぎりぎりの間合で気の充実を保ち、気配を確かめ、しかも打突機会をしっかり見極める。なかなかできるものではありません。

大野クンも前半はよかった。とくに初太刀の切り落とし面は惜しかった。中盤以降は、間合が詰まったところでの気の充実が保てなかったようですね。あれが肚に納まっていたら、この試合はなかなか決着がつかなかったと思います。

◆いまあの試合をふり返る……◆大野裕治教士八段（談）

絶対に退がらないこと、退がったら山田さんは突きあるいは小手から攻めてきて、自分は守勢に立たされる。そんなイメージをふくらませて試合に臨みました。わたしが切り落としに出た場面は、まさしくその気分そのままです。退がらず、逆に攻め返したわけです。山田さんがすぐ反応して動きましたので、思わず切り落とし面に打って出ていました。

中盤過ぎぐらいからでしょうか、攻めて出てもなかなか打突機会が見い出せず、なにか気迫がカラ回りしているような感じを徐々に覚えていました。しかし、互いの気分と気分はピーンと糸が張っているような状態で、決して弛《ゆる》むことはなかったと思います。ごまかしがなく、いい形で引っ張り合っていました。自分としては、山田さんの攻めによく応えていたつもりです。そして、徐々に苦しくなっていたのも事実です（笑）。

延長の後、小手を打たれましたが、あそこは、気持ちも剣先も思わずフッと浮いてしまいました。見事な小手を頂戴しました。

◆いま、あの試合をふり返る……◆山田博徳教士八段（談）

最初のわたしが打って出ようとし、彼（大野選手）が切り落とし面にきたところですが、普通にいくと乗られてしまうのがわかっていましたから、彼の打ってくるその上からさらに乗るような気分で出ました。というのは、彼とは公式戦では警察選手権で一度対戦しただけでしたが、練習試合では何度か手合わせをしていて、彼の出端面、切り落とし面の鋭さは重々承知していました。構え合って、そのことがすぐさま頭の中によぎったのです。

小手の決まったところは、よく覚えていません。ただ、一瞬小手が大きく空いたように感じ、そこへスッと打って出ていました。

試合前は、とにかく気持ちも、また形としても攻め負けないようにしようと思っていました。

わたしが攻めると、すかさず彼もしっかり張って攻め返してきました。互いの攻めがよく通じ合っていたと思います。それだけに気の充実を失くしたら、そこで必ず打たれるだろうと感じていました。彼もわたしも気の切れはなかったはずで、その意味で気持ちのいい試合ができたと思っています。

肝心なのは、如何に気の充実を継続させるかということ

気を充実させ、その緊張を一瞬たりとも萎えることなく持続させる。これは試合はもちろん、普段の稽古でもたいへん大事なことです。この試合、山田クンはそれができていた。制限時間の笛が鳴って元の位置にもどる時、山田クンの目と剣先はじっと相手につけたままでしたが、これなどはその表われだったと思います。

大野クンも前半はしっかりできていました。充実度としては、むしろ山田クンよりも上だった。不発に終ったけど、攻め返して切り落とし面にいった場面、あそこはピッと気が張っていました。わたしには攻め返しながら山田クンの反応を誘っているようにも映りましたが、さて、どうだったのでしょう。もしそうだとしたら、それは充実のなせるわざです。完全に山田クンをしのいでいたといえます。しかし打突としては決まらなかった。一瞬の好機を得て、パッと出たところまではよかったが、

打ち切る……という強く烈しい気が打突の最後まで通っていなかったようにも感じられます。打突あるいは、これは気の集中と身体の統一があって決まるものです。二つが一つとなって有効打突となるのです。そういう点も考慮して大野クンの切り落とし面を結果からみると、出足にいつもの鋭さがなかった。ということは少し身体の統一に欠けていたかもしれません。

また別な見方をすれば、山田クンの気と身体の充実が大野クンの打突を封じたともいえます。発した気に、さらに上乗せできる気の修錬がそうさせたのか、現に山田クンは、大野クンが切り落としに出るやすかさず小手に変わっています。気の充実が途切れることなく、ずっと継続していればこその変化です。

このくらいの試合になれば、簡単に勝敗は決まらない。長くなれば最後は集中力の練度が勝敗を決めることになる。

また、山田クンがここぞと打って出たのは、二回……三回ぐらいだったでしょう。5分強という時間で三回。相手が大野クンだからということもいえますが、それにしても少ない。しかしそれでいて、気の充実はずっと続いていましたね。攻めて、なおも気の充実を保って攻める。相手が動くまで攻めていました。気の〝タメ〟であり、我慢です。攻める、さばく、そういう動きの中にも常に気の充実・張りが見られ、〝タメ〟が充分だったといえます。その気の〝タメ〟が最後の小手を決めた機会をつくり出したのです。まさしく気は〝機〟であり、機は〝技《ぎ》〟を生み出す。気、機、技、三位一体となって有効打突が生まれる。山田クンの試合はいつもそんな風で、実に見応えがあります。昨年、一昨年と、全日本東西対抗で山田クンの試合は常に優秀試合賞に選ばれていますが、それもうなずけます。

いま、気は〝機〟と私はいいました。そもそも気とは気力であり、身体を統一させ、その身体動作を誘発する大本です。剣道でいえば、打突を誘発させる力です。従って気の充実が萎えれば、誘発力も失くなります。同時に機会も見い出せません。逆に、気の充実が継続していれば、自然と体が機会を見つけ、瞬時に打って出ているものです。もちろんこの体は、練度の高い体《たい》でなければなりません。いわゆる自然体です。

それにしても、気の充実を継続させることは並大抵のことではできない。ともすると一瞬一瞬にでも、その緊張を解きたくなってしまうものです。しかしそれは自分に負けることを意味します。つまり気の充実の継続は自己との戦いであり、克己の修行なのです。それを山田クンはいま懸命にやっているといえます。ただ、この試合を見る限り一つ言えることは、仕かけと思われる攻めが見えすぎました。例えば足幅が広くなること。それが山田クンの攻めともいえますが、これからは見えない中にも相手にしっかり通じる攻めを求めていってもらいたいものです。

現代 名勝負3

平成3年●第37回全日本東西対抗（札幌）大会十将戦

西軍●松原輝幸 教士八段（福岡）

まつばらてるゆき／昭和11年生まれ。福岡県出身。戸畑高校から法政大学に進み、卒業後、兄・幸好が館長を務める神武館道場で指導を手伝う。関東学生選手権優勝、全日本学生選手権3位、同団体優勝。全日本選手権4回出場、明治村剣道大会優勝。現在、範士八段。福岡神武館道場副館長。

×

東軍●中村毅 教士八段（東京）

なかむらたけし／昭和16年生まれ。熊本県出身。九州学院高校から日本大学に進み、卒業後、警視庁に奉職する。全日本選手権優勝、全国警察大会個人・団体優勝、世界大会優勝、明治村大会優勝。平成9年2月17日没、享年56歳。同日付をもって全剣連より範士号が追授され、また警視庁名誉師範も贈られた。元・警視庁剣道副主席師範。

最後は、まさに以心伝心、互いに相手の心なり意思が自分の心に映り、共に出るに出られず引き分けに終る

松原教士、54歳。一方の中村教士は50歳である。両者はこれまで一度の対戦もない。しかし共に声名高く、互いの剣はよくよく知っていた……。

◉

東西の選手が場内にアナウンスされる中、ゆっくりと歩み出る両教士。抜き合わせつつ蹲踞し、立ち上がる。

抜き合わせも一緒、蹲踞、立ち上がりもまるで鏡に映しているかのように一緒です。いいですね。両者の気が既にぴったりと合っています。剣道形の演武でもなかなかこうはいきません。そして立ち上がって、そのまましばし対峙する。互いに相手に対する敬の念がよく表われています。

右に移動し、わずかに間合を詰める松原教士。中村教士は動かない。さらに右に回りながら松原教士が詰め入る。交刃の間となり、呼応した中村教士が剣先を下げ気味にし、右に体を移す。両者の剣先はただ触れ合っているだけで、動かない。やがてツッと松原教士が出る。中村教士は構えたそのまま相手の気分を見ている。すぐさま左に足をさばき、裏から中心をとる松原教士。その剣先を小さく二度三度と中村教士が払う。松原教士は剣先を表にもどし、そこからまた左に体を移し、裏から中村教士の剣先を軽くはじく。

静かなやりとりのように見えますが、実に厳しい正中線の攻め合い、中心のとり合いです。竹刀の動きのその奥には、烈しい気争いが展開しているわけです。しかも全くの五分と五分です。共に剣先は動いていますが、左手拳は臍《へそ》、中心を外さない、丹田の気は中心線を通って剣先に流れて

松原

働きとなって相手を圧する。肝心なのはここです。気の充実が保てていれば、左手は定位置から決して外れることはありません。ところが、相手の攻めに動揺し、わずかでも気が浮くと左手も動いてしまう。当然、構えも崩れるわけです。

松原クンも、中村クンも、それぞれ左手はしっかり定位置にあり、微動だにしません。つまり、気争いは五分五分ということです。

剣先がからみ合ったまま、左、左、そしてまた左へ、次に右、右と体を移す両者。

相手剣先を裏あるいは表からすくい上げるように軽く払いながら、一刀流の「傘の切先」の教えの通り実践し、払いながらの攻めに入り、そうしながら厳しく中心をとる。そして相手の一瞬の居付きを見るや、間髪を容れず面と打って出る。これが松原クンの剣道のいいところです。

一方、中村クンの剣道は相手のどんな攻めにも心を動かさず、逆に乗り返していって相手の出てくる起こり端をとらえるのが特徴的です。

左に回り込んだ松原教士が、すかさず右に変わりながら詰めて出る。中村教士も退がらない。深間となり、松原教士の剣先が上がり、同時に中村教士は剣先で正中線を抑えたまま詰めて出る。

鍔元が合わさって、そしてすぐに分かれる。ゆっくり、スーッと、まるで糸を引くような分かれだ。触刃となり、少し間があって、松原教士が構えたそのまま問合に入っていく。わずかに引く中村教士。一呼吸置き、松原教士が再び出る。その剣先を中村教士が裏から払う。そして両者の動きがそこで止まる。1秒、2秒……、さらに松原教士が詰めていく。すかさず中村教士が剣先を下げ、松原教士も剣先を下げる。と、中村教士が小手から面と渡った。すかさず体を入れながら竹刀でかわす松原教士。この場面ですが、中村クンは打突の機会と見たわけではないように思います。剣先を下げ気味にして攻め返そうとした。つまり相手の気の充実を挫こうとして出たわけです。ところが相手も呼応して剣先を下げげた。相手は打ってくるか、それなら小手に合わせていくしかない。そんな小手打ちだったように見えます。二の太刀の面はその勢いに乗って出た打ちでしょう。気が向こうまで通っていなかった。本来の中村クンの面はあんなものではない。もっと鋭さがあります。

鍔ぜり合いから分かれて構え直す。ややあって、中村教士が面と出る。竹刀でさばく松原教士。再び構え直し、次に小手と切り込む中村教士。その小手打ちを松原教士は裏ですり上げる。しかし中村教士の体の寄せが早く、打ちは出せない。

ここは両者が重なっていて、剣先のやりとりがよく見えません。ただ、中村クンが理由《わけ》もなく打って出るはずはないし……、多分、松原クンの体ごと入っていく攻めと、その時に剣先が上がっていくのを見て、中村クンは打突の起こりと察したのかもしれませんね。

松原クンは、攻めも打突も腰から滑り込むような入り方をし、実に無理無駄がなく自然です。重心は常に体の中心にあり、それでいて腰がスムーズに移動し、足はただ随いてくるだけ、そんな感じのさばきといえます。構えた時の端正な自然体、それがそのまま前後左右へ自在に移動する。動きの美しさはここにあります。打突しても体に勢いがあり、打った後も崩れない。打突の美しさは強さにあります。そして当然、残心の美しさにつながっていきます。もちろん応変の動きもよりスムーズになります。

対する中村クンは松原クンとは初めての対戦。序盤は慎重に相手を見ていたが、徐々に集中の度を増し、体が本来の持ち前の経験に即したごく自然な反応をするようになる。だから松原クンが剣先だけでなくスッと体を入れてくる攻めを、つい技の起こりと見たとしても不思議はないですね。

構え直して、また攻め合いとなる。裏に回った松原教士の剣先がゆっくり相手剣先を払いながら上下する。一度、二度、そしてそこから松原教士が面と出た。すかさず体を左に開きながら応じ返して右面打ちに変わる中村教士。とらえたか。いや、流れている。

見事な返しでしたが、たとえ部位をとらえていたとしても有効打突にはならないと思います。というのは打った後です。問合が切れていないのです。

それと松原クンの面打ちですが、振りかぶりと同時に体もグッと入って行っています。すなわち振りかぶりそれ自体がもう一つの強い攻めになっていたわけです。

この場面、ふつうだったら退がって問合をとりたくなるところでしょうが、中村クンは応じ面に切り返した。さすがというほかはありません。気が充実し、その気で松原クンの攻めに乗り返していたということでしょう。

鍔ぜり合いから分かれ、少し間があって松原教士が面にいく。中村教士は中心を抑えて打たせない。そして構え直し、松原教士がまた攻めて出る。わずかに引く中村教士。さらに松原教士は攻め入っていき、再度面打ちに出る。しかしその打突は空を切った。中村教士が一瞬体を入れていったのだ。

このやりとりを見ると、形としては松原クンの攻めに対し中村クンは引いていますが、気は別です。気は少しも退がっていません。むしろ気で乗り返しています。だから、手元が全く崩れていないし、上がらないのです。

松原クンは上から相手の正中線を抑え、中心をとっていきました。一方、中村クンは松原クンの下方で同じように中心をとっています。その自信があるから、手元が上がらないわけです。もちろん、左手が定位置に納まっているから、気は充実しています。両者の攻めと攻め、そしてほぼ同じ強大さの実と実がもろにぶつかったということです。これでは打突は決まりません。仮りに、もし中村クンがほんのわずか気の充実を欠いて、退がっていたら、多分、松原クンの面が決まっていたと思います。攻勢をかけてくる相手に対し、より気を充実させ、気で乗り返していく。打突が出る前の勝負、気の勝負、位の勝負。見応え充分でした。

鍔競りとなり、そこから松原教士が中村教士の竹刀を捲いたところで制限時間となる。

元の位置にもどり、主審の「始め！」の声がかかってすぐ交刃となる。

両者の気分は全然切れていないということです。

徐々に間合が詰まっていく。そして両者の面打ちが交錯する。松原教士の面打ちに対し、中村教士もすかさず切り落とし面に出たのだ。

この場面は一瞬、中村クンが松原クンの剣先を抑えて出ました。そこから切り落としにいったわけですが、抑えて出た分、遅れてしまったようです。抑えずにいっていたら決まっていたかもしれません。

しかしながら中村クンとしては抑えざるを得なかった。というのは、松原クンの攻めがそれだけ強烈だったということです。松原クンが上から攻めていき、中村クンも下から正中線につけていった。そこから松原クンが振りかぶっていく。その振りかぶりが、先程も話したようにもう一つの攻めになっていて、それが強烈だったから中村クンも思わず相手の剣先を抑えて出たというわけです。

その後、双方に鍔ぜり合いからの技が出、さらに中村教士が払い小手にいく。しかし決まらない。5秒、6秒と対峙が続き、竹刀が烈しくからみ合う。両者共に引かず、そのまま深間となる。技は出ない。そんな展開が二度あって構え直し、攻め合いとなる。

場内は静まりかえっている。

間合が詰まったところで、中村教士の剣先が小さく動く。松原教士が面と出る。胴に返す中村教士。しかし打ち切ることができない。

あの中村クンの剣先の動きは誘いです。起こりの兆しに見せて、合わせ技を誘っているのです。

鍔元が合わさって、すぐ分かれる。松原教士が右に回り込み、左にもどったところで試合終了を告げる笛が鳴る。瞬間、場内の空気が緩んだ。

どの場面をとっても、いい試合でした。前半は、いうなれば松原クンが打太刀、中村クンが仕太刀を遣ったといえます。松原クンの攻めに対し、中村クンは受けに立っているようでいて、その実、相手の起こりをじっくり読んでいた。もし本当に受けに回っていたら、手元が崩れ、松原クンの強烈な面、あるいは小手打ちをもらっていたと思います。

中盤からは中村クンも勝負に出ていましたね。双方に紙一重のところで決まるかという技が出ていました。しかしどうしても決まらない。これは両者に気の充実を欠くところが全くなかったからです。形こそ違え、気も位攻めも技も、全てが五分と五分でした。

終盤は、まさに以心伝心、互いの心に相手の心なり意思がそのまま映り、それぞれの技は互いに封じられていました。竹刀で戦っているが、当人同士は白刃の下の、それも生死を分かつようなギリギリのところで勝負をしていた。だからこそ、気は充実の極限、集中の極限にあり、そして相手の心の全てが自分の心に映ったというわけです。これが間合が遠く、いつでも相手の攻撃から逃げられるところだったら、充実の極限も、集中の極限もあり得ません。そんな安全地帯にばかりいては駄目で、最近の試合がそうなんです。それでは自分の心に相手は映らず、多分、心の琴線に響くものも何ひとつないでしょう。そしてそういう剣道では決して心の錬磨にはなりません。松原クンも中村クンも自分の心の鏡にしっかり相手が映っていた。そして終了間際のころなどは、攻めて出ても、これ以上はもう出ていけないという感じだったと思います。

結果は引き分けに終って勝負はつかなかったわけですが、それこそ立派な引き分け試合でした。

◆いま、あの試合をふり返る……◆松原輝幸範士八段（談）

中村さんとは、これが初めての対戦です。相手が攻防の調った素晴らしい剣を遣うことは知っていましたし、それだけに緊張しました。自然、序盤は相手の出方を見るような感じで相対していました。気分が引き締まって、実に心地よい緊張感でした。

中盤を過ぎた頃だったでしょうか、わたしが面と打って出て、中村さんが体を開きながら返し面に応じた。互いの技がぶつかり合ったのは、この一瞬だけだったと思います。中村さんの剣先はしっかりとわたしの肚についていて、下方から浮かすかのような攻めでした。その厳しい攻めを感じながら、わたしは上から中心を割るようにして攻めていきました。そして攻め切って、ここというところへ打って出たわけですが、中村さんはすかさず応じ返してわたしの右面を襲った。打突は面金をかすって流れましたけど、強烈なものでした。

その後も、なんとか崩していこうと試みましたが、ついに崩し切れませんでした。自分としては、でも精いっぱいに遣ったという満足感があり、同時に清々しい気分にさせられました。

剣道に自然美を求め、その美は気の集中、白刃の下に求める

松原クンが54歳、中村クンが50歳ですか、なるほど、二人とも年齢相応のいい剣道をしています。50歳代というのは「論語」では「五十にして天命を知り、」と説かれ、その〝天命〟を「中庸』では「天命之を性といい、性に率《したが》う之を道という」として、大道を定義づけています。そして小川忠太郎先生は、この〝天命、性、道〟を解りやすく次のように説明しています。

「人間が疑っても疑っても、どうしても疑うことのできないものが天命です。その現れが性です。

自然界では山と現れ、川と現れます。山には山の性があり、川には川の性がある。山は聳えているのが性、川は流れているのが性、人間には人間の性があります。天命の現れが性ですから、性に率うことを道と言います。人間は人間性のままやって行けばいいのです。これが人間の道です」と。

さて、この〝天命、性、道〟の三つ、これは体（本体）、相（姿）、用（働き）であり、別な表現をとるなら、生命力、調和、変化となり、剣道に当てはめれば、心法、身法、刀法の三つの位です。そして体、相、用、これは別々でなく、三即一、一即三と説かれています。ということは、当然、心法、身法、刀法も三即一です。つまり事理一致の剣道、すなわち「事熟すれば、理おのずから成る」という剣道を「五十にして天命を知り」、求めていかなければいけないということなのです。

もっと具体的に説明しましょう。「事熟す」ということは、「事」として本当の働きをするということです。換言すれば、相手の心に響く打突をするということ。では、それはどこから生まれるか。それは気の集中したところです。しかし一方だけの気の集中では不可能です。相対する両者が一切の雑念なく、気がしっかり充実し、集中していることが大事です。

たとえば気の集中が見られないところから技が出たとして、「事」としての本当の働きは期待できるはずもありません。だから気の集中こそが「事」の大本を成しているということになります。

また、気の集中したところから出たものには美しさがあります。無限大の美しさです。

「真・善・美」の「美」は自然な姿です。決して意識してつくった美しい姿・形ではありません。剣道もこの極めて自然な美、小川先生のおっしゃる「山は聳え、川は流れる」そのままの美を追求するものです。そして美の剣道の前提は気の集中だとわたしは考えます。

そしてその気の集中ですが、どんな剣道をすればそれが感得できるか。それは白刃の下に我が身を置くことです。竹刀は手にしている。しかし、実際はいま白刃の下にあり、相手と生命のやりとりをしている。そんな状況を仮定するわけです。真剣を持って必死となるならば、雑念の入り込む余地はありません。当然、気の集中は極みに至ります。常にそんな気持ちで稽古を積み、また試合に臨むのです。

そこを耐えて修行してきた剣道は、まさしく生命力にあふれて生き生きとし、美しさが出てきます。そしてこういう剣道には「理」はおのずからかなっているものです。

松原クンと中村クンの一戦は、まさに白刃の下での厳しい戦いでした。相手と生死を分かつギリギリのところで正中線をとり合っていました。両者の剣道の美しさ、加えて白刃の下でやりとりする戦いとしての自然な美しさ、それらが相俟って実に見応えのある、素晴らしい試合だったと思います。同時に、真に心身を鍛え磨くという、両者の剣道に対する姿勢もよく現れた試合でした。

◉

ところで、今回で連載は3回目となるわけですが、初回は30歳代の西川清紀クンと古川和男クンの一戦をとり上げ、第2回は40歳代の山田博徳クンと大野裕治クンの対戦、そして今回は50歳代の松原クンと中村クンの対戦を解説しました。そしてそれぞれのまとめとして、初回から順に「気の充実と合気について」「如何に気の充実を継続させるか」「自然美と気の集中のこと」と述べてきました。これはまさしく修行の段階であり、各世代が目標とするべき肝要のことです。剣道を修行道と心得るならば、よくよくこれらのことを念頭に入れて稽古に励むことが大事だと、わたしは考えます。

現代 名勝負4

平成6年●第40回全日本東西対抗（山口）大会三十一将戦

東軍●林 朗 教士七段（北海道）

はやしあきら／昭和33年生まれ。北海道出身。PL学園高校から法政大学に進み、卒業して2年間PL学園の剣道部コーチを務めた後、北海道剣道連盟に勤務する。玉竜旗大会2位、インターハイ（団体）優勝、関東学生（団体）優勝、同（個人）優勝、全日本学生（団体）優勝同（個人）2位2回、世界大会（団体）優勝、同（個人）2位、七段戦（熊本）3位2回、七段戦（岩手）優勝、全日本選手権8回出場（優勝1回）、全日本東西対抗2回出場。現在、会社員。

×

西軍●松田勇人 教士七段（奈良）

まつだいさと／昭和32年生まれ。奈良県出身。清風高校から国士舘大学へ進み、卒業後、奈良市立一条高校に勤務する。全日本学生（団体）優勝、準優勝各1回。世界選手権大会出場、全国教職員大会（高・大・教委の部）準優勝、全日本選手権8回出場（3位1回）、全日本東西対抗3回出場。現在、奈良市教育委員会勤務。

剣風と剣風が真っ正面からぶつかり合った一戦。最後は、柔軟で素早い応変を見せる林選手の小手技が炸裂した

両者は、学生時代、関東学生選手権の準決勝で戦っている。松田選手が国士舘大学四年、林選手が法政大学三年の時で、これが初めての対戦だった（林選手はこの時、関東学生を制した）。その後、平成五年、名古屋で行なわれた剣連対抗の大将戦で再び相まみえ、この東西対抗は三回目となる。

◉

蹲踞から、両者が立ち上がる。

松田クンが上体を少し前に倒しながら立ってしまった。ここは、気の充実そのままにスッと立って欲しいところです。一瞬のことだが、観る人は蹲踞、立ち上がりから試合者と一体となって観ているから、ちょっと気になりました。

ツッと小さく右に回り込む林選手。合わせて松田選手も右に回る。そこで一呼吸おき、林選手が気合を掛け、松田選手が応ずる。

いいですね。二人とも静の気が張っていて実にいい。充実した気が互いに相手に通っています。構えも、ともに堂々としています。サァ、来い！　という旺盛な気分がありありと伝わってきます。

中心につけて動かない松田選手の剣先を、林選手が裏から強く払い、次にゆっくり上から押さえ、そしてまた押さえる。

林クンのこういう竹刀操作は、まさに勝負師のそれといえます。意識の中に相手がしっかり入っている。およそ勝負師というのは、剣先の上下の動きが大きいものです。そうやって相手を小さく大きく探っているわけです。自分自身ではなく、相手に意識がいくんです。しかし林クンが単に技の巧みな勝負師でないところは、自分というものを体の中心に据えて相手を探るという点でしょう。誰が相手であっても、常に見応え充分な試合を展開するというのが、その証拠です。まず、芯となる自己が内にあり、その上で、相手によっての勝負の駆け引きや戦略、展開を構築していく。林クンの勝負強さはここにあります。一方、松田クンは剣先をさわられ、押さえられても委細かまわずといった態で、スーッと構えている。動じていないわけです。内なる自己、つまり〝本体〟そのままを前面に出して、相手と対しているということです。いい構えです。左足のひかがみが伸びて、腰に上体がしっかり乗っています。ただ、少し右手が固いかな……。

対峙が続き、林選手が剣先が下げて問合を詰めようとするや、松田選手がそこに上から乗って攻め返す。スッとすさる林選手。ややあって、林選手が諸手突きに出る。すかさず松田選手がすり流して面を襲う。かろうじてかわす林選手。

決まらなかったけど、この松田クンの切り返しは見事でした。心の動じていない〝本体〟がよく出ています。迷っていませんでした。

鍔元が合わさって、すぐに分かれる、松田選手がジリジリと詰めていく。林選手も引かず、そこで両者の動きが止まる。そして気圧されたか、林選手が松田選手の剣先を表から押さえながら体を右に移す。松田選手はさらに攻勢をかける。剣先を上から押さえる林選手。次の瞬間、グッと松田選手が剣先を利かして入り込み、竹刀をつき出しながら引く林選手をツツッと追って面打ちに出る。余す林選手。
この場面は二人の剣風の違いがよく現われています。松田クンが正面から攻めて打って出る。しかし林クンに間合を切られてどうしても届かない。届くかと思って出ても、余裕をもって体を反らされてしまう。林クンの懐の深いところです。

二、三合して、またも林選手が諸手突きにいく。受け流しざま面に返す松田選手。

初太刀で放った突きもそうだったが、林クンにしては珍しく自信のなさそうな諸手突きです。自信がないから、突いたあとの体勢が乱れた。自信をもって突いていけば、鋭さも出てくるし、たとえ部位を外されても、体の寄せがいいから鮮やかにすり流されたりはしないものです。また面に返されたとしても有効打突にはなりにくいともいえます。むしろ、相手の面打ちをかわそうとして体勢を大きく崩していれば、もしその打ちが面をとらえていたら確実に一本になります。

鍔ぜり合いとなり、一、二回押し合ってすぐに分かれる。

松田選手がジリッジリッと間合を詰めていく。林選手も引かず、相手の出てくるところへ合わせるかのように出る。間合が詰まる。両者の気迫が剣先に伝わる。松田選手が林選手の剣先を上からフッと小さく押さえた。さらに林選手が前へ動く。その剣先に松田選手の剣先が乗る。と、林選手が小手といく。それをかわして松田選手が面に打って出る。引いて余す林選手。

両者とも、実にいいところを打っています。林クンの小手はちょっとうすかったけど、理合どおりの打ちです。押さえればその剣先は必ず元にもどる、そのもどるところを読んで林クンは小手に切り込んだわけです。そして打った瞬間、かわされたと識《し》ってすぐさま間合をとろうとして退いた。そこをすかさず松田クンが厳しく乗りながら面といった。この面も、実際はなかなか出ない打ちです。小手を受けて、受け放しになったり、また一呼吸おいてしまいがちな一瞬なんです。ここらあたりが名勝負といわれるところなんです。

林クンにしたら、危い場面でした。退きながらも、剣先がしっかり中心を抑えていた。だから、松田クンの面打ちをしのいだともいえます。剣先が生きていたのです。死んでいたら、多分、松田クンの面は有効打となっていたでしょう。

充実した気、その流れが両者にあり、そしてそれぞれ相手に向かって烈しく流れていたといえます。

鍔元を合わせたまま、コートの中央にもどる。分かれて攻め合いが続く。共に右、左と回り込む。剣先は、両者ともじっと相手の正中線につけている。松田選手が間合に入っていくと、林選手もわずかに体を沈めながら前に出る。一瞬、松田選手の手元が動き、すぐ元にかえる。そこを見極めたか、林選手が松田選手の剣先を飛び越えるようにして面打ちに出た。旗は、一本。

いい機会だった。相手を動かし、ひとつタメてから打っていった面でした。

松田クンもすぐさま反応して、わずかに体を入れてきた。そのためだと思うが、林クンの打ちは、間合が近かったために剣先が真上に上がってしまった。手の内が打突の方向に伸びていたら決まっていたかもしれません。つまり気が打突したところで止まらず、そのまま剣先の方向につき抜けていればよかったのです。惜しい打ちでした。

構え直し、攻めて出て面といく松田選手。小手から、その場で面と変わる林選手。さらに松田選手の面の一本打ちなどが出る。

展開を見ていると、松田クンの方が攻勢に出て、ほとんど敵陣で戦っています。しかし、打突はどうも決まらない。それは林クンの懐の深さもありますが、さらにもうひとつの攻めともう半歩の入りが足らないわけです。それがあれば、林クンも退《ひ》かざるを得なくなり、当然、圧されて退けば崩れが出てきます。そこへ乗っていくべきだった。要するに未だ相手に余すなり、間合を切るなりの余裕があるところで打っているのです。早打ちをしてしまっているともいえます。なかなか難しいところです。もう半歩が進めない……。

ややあって、林選手の面を松田選手が胴に返し、また攻め合いとなったところで、制限時間を告げる笛が鳴った。

延長となる。構え合ってすぐさま一足一刀の間となり、そこで両者の動きが止まる。林選手の剣先が下がる。牽制するかのように、合わせて松田選手も下げる。そして同時に元の高さにもどり、もう一度林選手の剣先が下がっていく。次の瞬間、林選手が諸手突きに出た。竹刀でかわしながら体を入れる松田選手。

林クンのこの突きは、前半に出したのとは少し違います。手が伸びていく前に、すでに右足の指先は上を向いて懸かりを見せている。それに腰が一緒に仕掛けている。両手は構えたそのままで、そこから、下げた剣先を上げながらパッと突いていっています。決めに行った突きといえます。腰が入っている分、松田クンとしては、突きだと察知した時点では大きく間合に入り込まれていて、序盤のようにすり流して面打ちに応ずることができなかったわけです。林クンの突きの効率の良いのはその点にあります。

構え直し、松田選手が小手と出て、さらに間合を詰めて面といく。

元にもどって、また攻め合いとなり、松田選手が詰めて出る。林選手も引かない。両者ここを勝負とみたか、その間合でしばらく対峙する。林選手が剣先を真っ直ぐ相手の咽喉につけたまま、スッと詰める。その剣先を松田選手が表から押さえ、さらにそのまま軽くさわって、剣先を中心にもどしながら面に出ようとしたところ、林選手は読んでいたかのように小手打ちに出る。ポンと乾いた音がし、審判の旗が一斉に挙がった。

見事な機会のとらえ方です。下がったものは必ず上がる。そこを鮮やかにとらえました。林クンは理をとらえて打ったというわけです。それにしても、冴えのある小手打ちでした。林クンは手の内が非常に柔らかい。だから一瞬の間であっても素早く反応できるし、その打突も冴えと切れがある。小手打ちもそうだが、諸手突きについても同じことがいえます。彼の手の内の柔らかさは天性のものかもしれません。一方、松田クンは少し焦れていたように映りました。焦れて焦れて、最後の気の集中力を欠いてしまった。そんな感じだったように思います。打っても打っても届かない。それは林クンの懐が深いためで、これが普通の相手だったら、何本か出した面打ちは多分決まっていたはずです。しかし林クンのように特に懐の深い人もいる。そういう相手には、もう一つ攻めの工夫が必要だったのです。
松田クンは試合に勝って、勝負に負けた。そして林クンは試合には負けたが、勝負としては理に則った見事な技で勝利を挙げたといえます。

◆いま、あの試合をふり返る……◆松田勇人教士七段（談）

林くんに関しては、しっかり張って堂々と相対してくる剣風と、技は早く、切れもあることは知っていました。だから、こちらが気の充実を欠いたその時点で負けになると考えていました。

それにしても懐が深かったですね。自分としては充分に入り込んで打って出たつもりですけど、どれも届かなかった。要するに、攻め切れていなかったんです。序盤過ぎからは、相手が出てくるところへ乗るしかないかと思い始めていました。しかし、突きにしろ、面にしろ、彼が本当に決めにかかって打ってくる打ちは、その起こり端がよく見えませんでした。延長に入ってからは、乗ろうにも、応じようにも、ひと呼吸遅れてしまい、自分の技が出せなかったですね。

最後に決められた小手は、辛抱しきれずに出ようとしたところです。間合が詰まったところで、彼はわずかに剣先を開き、あたかも気の一瞬のゆるみのように見せました。そこへスッと乗って出ていったわけですが、あれは誘いでした。自分の中でも誘いだという認識が頭の隅にあったことは事実です。しかし、止まりませんでした。本当にいいところを打たれましたね。

◆いま、あの試合をふり返る……◆林朗教士七段（談）

舞台よし。しかも相手は松田さん、しっかり張ってくれるから理合の勝負ができる。そんな気持ちが先にあって、勝敗についてはあまり意識がいっていませんでした。

諸手突きは、松田さんが少しでも剣先を開いたらいくつもりでいましたし、自分としてはその通り、自然に出ていたと思います。序盤に二本出しましたが、自分の突くぞという気分が松田さんには見えていたようですね。二本とも見事に応じられてしまいました。外れたらすぐに次の技を出そうとも考えていたのですが、あれだけしっかり応じられてはとてもできません。さすが、と思いました。

三本目の突きは、攻め方を少し変え、もうひとつのタメで、タイミングを変えていきましたが、これも決まりませんでした。

最後の小手は、いい間合でじっと対峙し、ギリギリの間合となって、これはもう自分からは動けない、相手が動いたら、その出端になにかで乗るしかないと集中し、緊張の糸をゆるめないでいました。だから小手は身体が自然に反応して出た技です。狙っていたわけではありません。自分としては全力を出し切ったという思いが、あの試合には強くありますね。

松田クンには〝理・事〟でいう〝事〟の修行を、林クンには〝生死〟の関頭における必死のこころを望みたい

この試合は、二人の違った剣風が真っ正面からぶつかり合った一戦といえます。そしてそれはまた、

〝守〟から〝破〟に移行し、段階をふみつつある年齢的な剣のぶつかり合いでもありました。

この時、松田クンは36歳、林クンは35歳。ということは、「三十にして立つ」といわれる30歳から過ぎること5、6年というところになる。この年齢は剣道的にも自分の剣に責任を持ち、またそれぞれの剣風を確立する修行の一段階の時期なのです。30歳はまだ〝守〟の時代、自分一人の時です。世の中は一人では生きていけない。相手がある。相手は十人十色、その相手とともに道を行なっていかなければならない。その境涯が40歳前後です。そこへ向かう修行が〝破〟の時代といえます。

小川忠太郎先生の著書『剣道講話』に「俺は生きている、と頓悟《とんご》したそのとき、〝守〟から〝破〟の境涯に「入った」と記されている。先生が25歳の頃であります。先生は22歳で軍隊から生き延びて帰られて3年後のことです。熊谷の土手を歩きながら「俺は生きている」と真の自分に目覚めたと記してあります。それだけでは個人的な悟りで、他人には関係ない。だが、真の我を識っても相手によってはビクビクすることもある。

これではまだまだ未熟と思い、それからが先に述べた社会形成への破の修行に転向された。人間と人間、十人十色、百人百色、差別がある。この差別に対応する修行に入ったと説いております。これが事の修行です。さらに「自分は遠間で正しい稽古をしている。しかし相手はそばに来ておかしな稽古をする。そういう場合、自分を立てると相手がだめになるし、相手を立てると自分がだめになる。ここで間合の修行をする。一足一刀の間で乗る修行、相手を引き付ける修行をしてきましたが、ここが一番苦しい」と書いてあります。これは要するにどういうことか。〝守〟の修行でまず真実の我れ、つまり一片の雲もかかっていない〝真我〟揺るぎのない絶対的な〝本体〟を見つけ、自得する。本体を自得することは剣道入門の第一関門である。そして次に相対としての他を認識しながら、〝破〟の段階に進み、その過程で、剣道ならば自分の剣風をつくり上げていく。こういうことではないでしょうか。

別な表現をすれば、〝理〟と〝事〟の修行を積むということです。〝理〟は心です。心とは自己そのものであり、彼我として対立する自己、我ではありません。絶対の自己、絶対の我です。これは剣道では捨身の打ち込み、切り返しでつくります。これが出来れば、肚は出来、動ずることはなくなります。しかし、実際の場に当たって諸々の働きをするには〝事〟の修行が必要となります。剣道では技の修行です。小川先生は、これを〝悟後の修行〟と説いておられます。本体を識った頓悟の後に十人十色という差別対応の修行をするわけです。この時、〝事〟が先か〝理〟が先かと質問をされる人がいますが、鳥の卵の関係（雛がかえろうとするとき、雛が内からつつくのが先か、母鳥が外からつつくのが先か）と同じ理屈でどちらが先とは言えない。どっちも大事なのです。理即事、事即理、不二一如です。

そして次の段階は〝理事一致の修行〟であり、最後は〝理事相忘の修行〟すなわち〝離〟となります。

何故、わたしが小川先生の著書を引きながらこのようなことを述べるかというと、この試合を見る限り、松田クン、林クンそれぞれに、今後、剣道の完成を目指す上で、各々欠けている部分が見えるからです。

松田クン。彼は〝理〟を識り、〝本体〟が出来ています。しかし、〝事〟の修行にいまひとつ励んで欲しい。美しいまでに整った姿勢と構え。しかし、それをもってよしとせず、さらなる技を柔軟に自在に遣えるようにならなければなりません。そのためには〝事〟の修行、つまり相手によってどんな瞬間にも対応できる〝技〟をもっともっと稽古し、こなし切ることです。〝技〟は相手と相対するためのものであり、これなくして、〝理〟だけで対し、いくら自己の心をぶつけても相手との対話は成立せず、従って理解あるいは〝和〟を共有できません。だから間合のことを含めた〝技〟をしっかり稽古し、そしてそれをこなさなければならないのです。充分にこなし切ったその時に、さらに構えはこれまでになく自然で、強さも滲み出ているはずです。十人、万人に通ずる技の励みにすすんでください。

林クンは、〝事〟の修行は相当に進んでいるといえます。しかし、進みすぎたためか、ともすると相手を意識した剣道になりやすく、時に、〝理〟とか〝本体〟が見えなくなることがあるように思います。いうなれば、〝事〟にふり回され〝理〟という絶対的な自己の心を見失う時があるのではと懸念されるのです。間合の攻防に長じ、相手を引き入れては相手を打ちとる。剣道の上手《うま》さ、巧みさを求めるだけならそれでいいが、彼にはそれだけではない、本物の伝統文化としての剣道を追求していってもらいたい。そのためにも、敵陣に割って入り、交刃《こうじん》の下、生死の間、ここは出たり退いたりできないところです。ここで絶対の自己を見失わず、真我を出し切って、これによって勝負を競えばさらに強い自己を見い出すことができると思います。そんな人間づくりとしての剣道を是非とも林クンには目指していってもらいたい。小さな自己から、大きな自己を剣道を通して創造していってもらいたいのです。彼ならばできるはずです。

現代 名勝負5

平成元年●第35回全日本東西対抗（宇都宮）大会十三将戦

西軍●國分國友 教士八段（鹿児島）

×

東軍●矢野博志 教士八段（東京）

こくぶくにとも／昭和15年生まれ。鹿児島県出身。川内高校から鹿児島大学へ進み、卒業後、大阪・京都などで高校、大学の教員を勤め、昭和60年国立・鹿屋体育大学に着任する。全日本都道府県対抗優勝2回、全国教職員大会（団体）優勝2回、明治村剣道大会5回出場、全日本東西対抗6回出場。現在、鹿屋体育大学教授。

やのひろし／昭和16年生まれ。静岡県出身。相良高校から国士舘大学へ進み、卒業後、助手として国士舘大学に残り、学生の指導に当たる。世界大会個人2位、全日本選手権出場、全国教職員大会（団体）優勝2回、明治村剣道大会6回出場（3位2回）、全国剣道八段（沖縄）大会3位、全日本東西対抗8回出場。現在、国士舘大学教授。

國分選手の二本の面打ちは、強い〝先〟の気の充実と、その継続が放ったものだった。とにかく國分選手は気が切れることがなかった

平成元年この年の五月、両者は八段に合格した。共に48歳。矢野選手は国士舘大監督、一方の國分選手は鹿屋体育大の監督であった。

◉

触刃《しょくじん》の間、剣先で張りながら國分選手が自らの気の充実を相手に伝える。矢野選手は動かない。剣先はじっと中心に据えたままだ。20秒が過ぎる。矢野選手が小さく右に回る。数秒して、また右に移動し、左にもどる。間合がわずかに詰まっている。小刻みに表から触れてくる國分選手の剣先。それを矢野選手が裏から強く払う。すぐさま國分選手も矢野選手の竹刀を表から烈しく払い返す。また少し間合が詰まった。

國分選手が左、そして右と動く。剣先はそれまでとは違って、高く上げては表から大きく円弧を描くような動きに変わる。さらに上下に大きく揺れ始めるや、面、面と先に打って出た。しかし矢野選手の剣先は中心にあり、國分選手の竹刀は相手の面をとらえることができない。そこから國分選手が三の太刀で小手に変わる。鍔元が合う。しかしグッと國分選手が押して中間となり、双方ゆっくりと分かれる。

初め、國分選手は、相手の動きを見ながら相手の出方をうかがっていましたね。既に〝動〟の気が見えます。自分が発する旺盛な気に相手がどう反応してくるかという感じで、様子見をしていました。あの烈しい気からして、当然間合を詰めて入り込んでいくところですが、さすがそれをしないのか、それともできなかったのか……。矢野選手は特別な動きはないですが、正中線を外さず〝静〟の気構えで左手は臍《へそ》の前に定まり、いい構えです。そんな10数秒があって、國分選手が攻勢に転じていきました。そして再び、面と打って出たわけです。それに対し、矢野選手は少しも動じていません。剣先は中心を抑えたまま、喉元を制していたのがその証拠です。このあたり、立派な八段の剣といえます。國分選手の二の太刀が面をとらえられないのは当然。そこからまた國分選手は小手に変化しました。稽古量の豊富さがうかがえます。いい動きです。しかもその一打一打がしっかり腰が入っていて勢いと強さがあります。

國分選手が攻めて出る。剣先を2度大きく上下させ、近間から面に行く。胴に返す矢野選手。構え直して、今度は矢野選手が小手・面と渡る。國分選手が退がりながら余してかわす。体と体がぶつかるや、國分選手が竹刀もろとも矢野選手を全身の力で押し返して、元の位置にかえる。

先ほどまでは五分と五分だったが、この応酬では國分選手が気力で矢野選手を圧しています。大事なところです。むしろ矢野選手が小手・面と打って出た勢いで國分選手に気当たりすべきでした。気当たりの差は大きく、のちのちの流れに影響します。國分選手は自分の押し返しに乗って〝先《せん》〟の懸かりに出ていった。矢野選手はその國分選手の先懸かりの強い攻めを感じ、来れば剣先で乗り返すような動きも見せていますが、剣先だけではそこは無理です。わずかでも体ごと入れていくべきでしょう。そうすれば國分選手としても迂闊《うかつ》には出ていけなくなります。しかし、矢野選手はそれをしない。國分選手としては「いけるぞ!」という気持ちで、さらに攻勢をかけていったわけです。矢野選手がツッ、ツッと退がっていっています。見た目はそれほどでなくても、矢野選手にしてみれば、相当押し

込まれているような感じを覚えたと思います。そして「これではまずい！」という気持ちが出たのか、気分だけを奮い立てて小手・面といった。それが相手の攻めに対し、気で乗り返して崩して打ったという打ちには見えなかった。劣勢をなんとかしようとして打っただけのように見えました。通常ならば、気を充実させ、気争いに勝って打突につなぐのが矢野選手の剣道です。矢野選手がこの小手・面で気分を立て直すことができればそれも意味のある打ちになりますが、ここではむしろ打って出る思い切りをそのまま剣先に溜めて、グッと腰ごと体を入れて気当たりに出たほうが、この場面ではより効果的だったように私は思います。

ややあって、矢野選手が面の一本打ちに出る。かわして右胴を打つ國分選手。そして鍔元が合わさるや國分選手が矢野選手を押し返し、近間のまま一歩、二歩、三歩と歩み足で出て、そこから相手竹刀を叩き、矢野選手の手元の上がるところへ小手・面と行けば、これが決まった。退がっていく矢野選手が間合をとろうとして引いた一瞬だった。

矢野選手が不用意だったといえますが、それ以上に國分選手の気は、押して一歩、二歩と攻めていく間も、ずっと切れていなかったわけです。対して矢野選手は退がりながら間合を切ろうとしたが、相手の攻めに気をとられ、一番大事な心の用心を失くしていた。それが大きく勝負の分かれ目になったといえます。勝負の場は、鍔ぜり合い、離れ際、間合をとったところ、あらゆる瞬時の間にも一毫《いちごう》の隙も許されません。國分選手は、気の充実と継続の差が出たその一瞬を見逃さなかった。

二本目、気分を立て直したか、矢野選手がジリッジリッと間合を詰めて出る。右に回り込みながら、その攻めに応じる國分選手。交刃の間となり、矢野選手が担ぎ面に跳ぶ。
ややあって國分選手の面に矢野選手が返し胴で応じた後、國分選手が小手・面に出る。余しざま引き面を放つ矢野選手。それを追って、國分選手が突き、小手と手際よく攻める。矢野選手は防戦しながら面を振り下ろす。その面打ちを受け、國分選手が矢野選手を強く押し返せば、矢野選手は押されるまま間合をとり、もう一度面打ちで襲う。構えをとりつつ、そこからすかさず打って出た面打ちで一本かとも思えたが、旗は挙がらない。

一本には採れません。当たりはしたが、少し軽い面。押し返されたとはいえ、退がっているだけにあそこは打つ機会ではなく、そこで十分間合をとって構えをしっかり整えるべきところだったでしょう。

中央にもどって、互いにゆっくり分かれる。ジリッと間合を詰めていく矢野選手。さらに相手竹刀を裏から捲いていく。サッと引いて問合をとる國分選手。
攻め返して出た國分選手が胴打ちにいき、矢野選手が一呼吸置いて面を打つ。分かれて元の位置にかえる。そして構え直してすぐ、國分選手が小手・面に跳ぶ。次の瞬間、矢野選手の小手すり上げ面が鮮やかに決まった。

國分選手の意表をついた胴打ちに対し、矢野選手はハッとした感じがありました。その相手の気分を國分選手は見てとり、「いける。勝負を決めてしまおう」と、小手・面に出たようです。少々、無造作すぎましたね。構え直したところで一度気を肚《はら》に降ろし、心を調えるべきだった。打たれた瞬間、「しまった」と思ったはずです。この一本はいうなれば、相手にではなく、自分から打たれに行ったようなものです。気の切れはなくても焦りといったほうがよろしい。気負いすぎた打ちでした。それに対して矢野選手の小手すり上げ面は見事でした。身体が自然に反応していました。無意識の面は〝先〟の気が充実していたから体勢がしっかりできていたといえます。矢野選手のこういう反応の良さは、普段の稽古で養われたものでしょうが、加えて天性の素晴らしい剣道センスを感じます。この一打、欲をいえば攻め勝って相手の打ちを引き出しての打ちだったらとも思います。

一本一本となり、國分選手が攻勢をかける。小手・面から小手、さらに面と出る。そしてもう一度、國分選手が小手といき、それを矢野選手が表鎬で受け、返して面に跳んだところで制限時間の笛が鳴った。

延長。両者、大きく右に回り込み、間合をとって対峙したまま一歩、二歩と右へ移動する。やがて矢野選手が相手竹刀を裏から捲いて攻めて出る。國分選手が体を寄せていく。その一瞬を右面打ちにいく矢野選手。

その後、矢野選手の小手・面、國分選手の小手、さらに小手・面・面などが出るが互いに部位をとらえることはできない。

胴の打ち合いがあって、次に國分選手が矢野選手の出端に面で乗る。

打った瞬間は一本に採ってもおかしくない形でしたが、その後がまずかった。打ってすぐ左を向いてしまった。相手の打ち返してくる勢いを避けようとしたのでしょうが、真横を向いてしまったわけです。前へ、それが無理なら少しでも左斜め前へ剣先が抜けていれば、残心があって決まっていたかも知れません。

その後、國分選手が小手・面といき、その分かれ際、矢野選手が國分選手の竹刀を裏から捲く。わずかに退《すさ》って問合をとる國分選手。しかしすぐに詰めて出て、面の一本打ちに出る。矢野選手も返し胴に変わるが、國分選手の面に旗が三本挙がった。

この場面は、國分選手が一本目に面を決めたときとほぼ同じといえます。矢野選手に竹刀を捲かれて一瞬、退がったかのように見えましたが、気の充実は切れていません。常に〝先〟に懸かっていました。一方の矢野選手は捲いた瞬間、相手が退がったと思って気がフッとゆるんだ。捲きは、次の技につながる技でなくては意味がない。そこで気がゆるんだところ、面に出られた。攻め返すには遅かった。〝待ち〟になった分、國分選手の面打ちを前でさばききれず、乗られてしまったという感じではないでしょうか。捲いて、そのまま気の充実を保ち、充分な〝懸〟になっていたら、この勝負は別な結果に終ったかもしれません。東と西を代表する新八段同士、勝敗を分けたのは瞬間瞬間における〝先〟の気の充実度と、その継続だったといえます。

◆いま、あの試合をふり返る……◆國分國友範士八段（談）

矢野さんとは、七段の頃に二回対戦しています。一回は都道府県対抗、もう一回は全日本東西対抗です。その福岡で行なわれた東西対抗は抜き勝負でした。次鋒の私が、二人抜き、三人目の相手が矢野さんで、決まり技は何だったか……ともかく見事に打たれました。その後、矢野さんは五、六人抜いているはずです。

以来、矢野さんには攻めが強く技も切れるという印象をずっと持っていました。だからあの試合で、せめて気持ちでは負けないようにしようと考えて臨みました。二本目のすり上げ面は見事に打たれました。自分としては攻めの気分がつながっていて、そのまま打って出たという感じです。一本一本となってからは、とくに気がガッチリかみ合ってきたように感じました。矢野さんの攻めが、より強く厳しくなったのが分かりました。

矢野さんとは、この後も京都大会や明治村剣道大会などで竹刀を交えていますが、まだまだ対戦する機会はありそうです。いい試合ができるように、稽古をしっかり積んでおかなければ、と思っています。

◆いま、あの試合をふり返る……◆矢野博志範士八段（談）

一本目に打たれた面ですが、あの近い間合は國分さんがよく打ちを出すところでもあり、充分注意しなきゃいけないとは思っていました。しかし、ついいつもの感じで、分かれるほうに気がいってしまいました。打たれた瞬間、「やられた！分かってはいたんだが！」と思いましたね。

二本目からは、気分を立て直して勝負にいったつもりです。

一本一本となって、最後にまた面を決められましたが、あの場面は一本目のことが頭の中にあり、用心する意味で分かれ際に相手の竹刀を捲きました。ただ、捲き放しになってしまい、そのため相手に乗られることになった。あそこは、捲いて手元を引かず、逆に剣先を利かして詰めて出るべきでした。相手の面打ちをすかさず返し胴に応じたのですが、乗られていた分、押し込まれた形となり、前でさばくことができませんでした。

國分さんとは今後も何度か対戦することになると思いますが、その都度、互いに稽古の成果を確かめ合うような剣道をしていきたいと思っています。

ライバル意識の過剰から少々〝調和〟を欠いたが、大切な〝次〟が見えてきた

新八段同士、しかも共に大学では監督を務め、年齢も同じ48歳。当人同士のライバル意識は、周囲が考える以上だったかもしれません。序盤の攻め合いを見ても、それがひしひしと伝わってきました。ただ、全般にその意識が少々過剰で、それが気力と技に頼りすぎた烈しい応酬になったような気がします。

「負けてたまるか！」という気持ちは必要です。勝負に徹し、まず「勝つ」という一念がこの時期はなければいけません。勝敗は超越してなどと達観するには年齢からいって、まだまだ早いのです。かといって、気負い込んで〝勝ち〟を求め過ぎてもいけません。

両者のこの一戦は、そこまでではないにしろ、とにかく烈しい応酬に終始しました。八段の剣道としては〝調和〟という部分が少し足らなかったのではないでしょうか。〝調和〟は心法にあり、真摯

な心と心の戦いに現出します。そしてその大本を成すのは〝敬〟の念、すなわち相手の全てを認める心です。一方的に吾が剣を振るったとして、そこに〝勝利〟はあっても〝調和〟は見い出せません。剣道の良さは、一つにこの〝調和〟だと私は考えます。

互いに〝敬〟の念を持って対峙すれば、その対峙には自然と心が現われてきます。心と心が合い、しかもそこに〝勝敗〟がある限り、心と心は戦い、〝調和〟が生まれます。決して技が先走ることはありません。技は心と心の戦いの後、勝敗を決める手段として出てくるわけです。

観衆がいて、息をのんで見入る。そして一方が打って出て一本に決まり、拍手が沸く。そういう誰もが納得する一本は、心と心の戦いを通過した一本であり、〝調和〟の中にこそあるのです。

矢野選手対國分選手の一戦を、私は〝調和〟というあたりが少し欠けていたのではないかと言い、過剰なライバル意識がそうさせたのではないか、と結論づけました。しかし、無理からぬところがあったとは思います。選手たちと観衆の目に「さて、この両者どちらが勝つか！」という興味があったことは事実で、それが間違いなく両者のライバル意識に拍車をかけることになったはずです。そして多分それが、気負いとなっていったと思います。ましてや、新八段同士、勝負の舞台は全日本東西対抗、気負わないほうがおかしいともいえます。また、それだからこそ、この試合が両者の永い剣道修行の中で意味のあるものになっているのではないでしょうか。

ライバル意識から大いに気負って戦ったという苦《にが》い経験。その苦さゆえに、両者にはより深く、厚みのある〝次〟が見えてきたはずです。現にこの一戦から10年後の今、両者の剣は大道を一直線に進みっつあります。

現代名勝負6

平成10年●第22回明治村剣道大会一回戦

梯正治 教士八段（東京）

かけはしまさはる／昭和22年生まれ。福岡県出身。久留米市立久留米商業高校卒業後、警視庁に奉職する。全国警察大会団体優勝5回、全日本選手権大会2回出場（3位1回）、世界選手権大会団体優勝、国体優勝、全国剣道八段（沖縄）大会出場、明治村剣道大会2回出場、全日本東西対抗3回出場。現在、警視庁剣道師範。

×

高橋俊昭 教士八段（京都）

たかはしとしあき／昭和23年生まれ。大分県出身。大分県立竹田高校卒業後、京都府警察を拝命する。全国警察大会団体優勝（2部）、全日本選手権大会、全日本都道府県対抗大会、国体、全国剣道八段（沖縄）大会出場、明治村剣道大会2回出場、全日本東西対抗7回出場。現在、京都府警察武道指導室主任教師。

充実した〝先〟の気で攻勢をかける高橋選手。しかし、梯選手も見事に応戦し、ついに高橋選手が体を大きく崩した瞬間、面を決める平成10年の第22回明治村剣道大会——この年、その権威ある大会に梯選手と高橋選手は初めて選抜され、一回戦の第一試合で対戦した。学年では梯選手が一級上になるが、大会当日は共に50歳だった。

◉

主審の「始め！」の声に、両者がすっくと立ち上がり、一呼吸置いて高橋選手が半歩前に出る。

まず高橋選手が〝先〟の気を見せました。蹲踞の時からしっかり気が充実していたということです。

剣先がふれ合う。高橋選手は構えたそのまま真っ直ぐ剣先を正中線につけて動かない。一方の梯選手は表裏から相手剣先にさわるような、張るような動きを見せる。

30秒が過ぎる。ジリッ、ジリッと高橋選手が間合を詰めていく。袴に隠れてよく見えないが、右足の爪先がかすかに動いて、前へ前へと出る。ふくみ足か……。

1分が経ち、交刃の間となった。時折、梯選手が表から小さく剣先を摺り込ませる。

高橋選手は、左拳を臍前におき、手元を少しも動かさず、そのまま剣先で正中線を抑えながらジワジワと〝先〟をかけていっています。中段の構えの見本を見せてくれました。相手にしてみれば、相当な圧力を感じているはずですが、梯選手に動揺は見られません。むしろ「いつでも迎えうつぞ！」という烈しい気構えが見えます。どっちもどっち、二人の気の充実は五分、集中度も全くの五分です。

さらに20秒が過ぎ、高橋選手が小手に跳び込む。梯選手は剣先を下げ、すり上げ気味に応じるや、そこから面に行ったが、共に部位は捉えることができない。

高橋選手のこの初太刀、相手のかすかな兆《きざ》しに反応したのか、はたまた〝先懸かり〟の気当りから思い切って打って出たのか、その辺はよく分からない。しかし、相手の陣に押し入ったということで大きな意味はあったと思います。結果として、相手は崩れなかったが、これだけ肚と肚の勝負をしている中、相手の陣に深く討ち入ったということ自体、崩したも同然といえます。そしてその後の展開もおよそ有利になっていくものです。

鍔ぜり合いとなり、すぐに分かれる。

練り合いが続く。約1分が過ぎる。スーッと剣先を下げた梯選手が面に出る。すかさずその出頭に、高橋選手も面も乗る。

梯選手が先に動いたけれど、〝先〟は高橋選手がとっていた。真っ直ぐないい面打ちです。肚におさめた気もろとも、まさに一足で一刀に出ています。よほど肚に打ち気をため、充填《じゅうてん》していたのでしょう。そうでなければ、あれほどの瞬発は不可能です。

一方、梯選手もこの場面、よくしのぎました。体勢のしっかりした大きな面打ちで、高橋選手の打ちを切り落としています。これが、一瞬迷って小手に変わったり、かわそうとしていたら、多分、高橋選手の面が決まっていたと思います。つまり、体を崩さず、真っ直ぐ相手の面打ちにぶつかっていった。切り落としの要諦はそこにあります。梯選手はその通りの技で応じたというところでしょう。素晴らしい相打ちの場面でしたね。

二人の位置が変わる。やがて、小さく表、裏とおさえ、さわっていた梯選手の剣先が、表に回るや体もろともグッと前に突き出されていく。高橋選手の出てくるところを察しての動きだ。2、3歩、

東京

大きく退く高橋選手。間合は詰まっている。そのまま厳しい攻め合いとなり、高橋選手が裏から払って小手・面と打って出た。梯選手も小手に合わせ、さらに面に変わる。

ここは、双方が一番、共に厳しいところでした。間合も交刃ですが、気分的にはもっと深く感じていたはずです。いうなれば白刃《はくじん》の下に身を置いていた。出るに出れない、ましてや引くにも引けない。先に動いたら仕とめられる。要するに互いがせっぱ詰まった状態にあるわけです。が、高橋選手は淡々として心が全身に行きわたり何ものにも留まっていない水の流れの如く自然に裏から払って小手・面と出た。

そしてその払いも大きかった。自分の小手打ちはともかくも、まず相手の剣を殺し、ここは斬り込むより他に生きる道はないと判断されたのでしょう。小さく手先で払って早く小手打ちに出ようとしたならば、その瞬間、面なりに乗られていたと思います。

構え直し、再び長い練り合いとなる。その後、梯選手が小手・面と二段打ちを見せ、しばらくして制限時間を告げる笛が鳴った。

延長。中心につけた高橋選手の剣先は、やはり動かない。そのままジリッと攻めて出る。梯選手も剣先を表・裏と回しながら相手剣先をおさえる。

このやりとりですが、試合開始の時からは少し違ってきています。梯選手の剣先の動きが多くなり、しかも表からのおさえが強くなっています。制限時間の中盤ぐらいからそうでした。癖ということもあるでしょうけど、もう一つは高橋選手の剣先が強く利いているということではないでしょうか。それと表、裏と回すのが頻繁すぎて、一種、単調なリズムをつくってしまっています。自分の気の充実なり、〝先〟の攻めを相手の心に響かせるには、もう少しメリハリが欲しいように思いますが……。

問合が徐々に詰まってくる。梯選手も退かない。共に右に回り込み、さらに間合が詰まる。剣先がからみ合う。そこから梯選手が剣先をわずかに下げて出れば、同時に高橋選手の体もスッと前に出る。両者の面打ちが交錯した。高橋選手の方が一瞬早かったが、梯選手は見事に切り落としている。制限時間内にもこのような場面がありました。それと同じ相打ちの面です。

それにしても、梯選手の面打ちに〝色〟が見える。前の打ち合いの時も感じていましたが、この場面でも同じです。一度剣先が下がり、上げながら右足を踏み出していって面に跳んでいます。その下げ方が大きいときに面が出ています。その剣先が上がってくるところへ高橋選手は真っ直ぐ面に乗っていっているわけです。高橋選手としては絶好の機会でありますが、しかし、二度が二度、切り落とされて決まらない。梯選手の心身が乱れなかった証左《しょうさ》でしょう。梯選手は相手の竹刀の鍔元に切り落として先の面を捌いた、ここも見応えがありました。

しばらくあって、梯選手の小手、小手、面が出、そして練り合いとなる。観衆が見入る中、時間が過ぎていく。

高橋選手が、フッと気当りを見せる。すかさず梯選手が小手、面と出る。その小手打ちを高橋選手がすり上げ面に応じたが、梯選手も面打ちに出ていて、互いに竹刀起しの打ちとなった。

梯選手は小手、面と打って出ました。それも展開の一つですが、ここはその打って出ようとする気分を肚におさめ、ズッとばかりに攻め返すべきだったような気がします。相手の気当りを肚で受けとめ、肚で返して攻勢をかける。間違いなく相手の心に響きます。そして、相手はその時すぐには崩れないかもしれない。しかし、この攻め返しが効いて、その後の展開で崩れる瞬間が必ず出てきます。肚での気当りはのちに影響してきます。実力が接近すればするほど、こういうことが大事になってくると私は思います。

鍔元が合わさるが、すぐ分かれる。ややあって、梯選手が剣先で表から押さえたところ、高橋選手が小手に切り込む。すり上げざま、体を左に開きながら面に打ち下ろす梯選手。

いい技でしたが、竹刀は高橋選手の面をかすって流れてしまいました。体捌きの妙というか、惜しい面でした。その時の高橋選手の動きですが、体の崩れがありません。目は相手を追っています。つまり打った後も体が崩れず、両眼でしっかり相手を見る体勢がとれているのです。こういうところが一番見応えがある一瞬でした。これは梯選手もそうです。この前に、高橋選手に小手をすり上げられました。しかし体に安定があり、だから二の太刀が無理なく出ているわけです。二人の試合に重厚さを感じるとしたら、肚と肚がぶつかり合っているような攻め合いと、もう一つは両者に体に崩れがないこと、この二つが主な理由といえます。もちろん早打ちも無駄打ち、無理な打ちもなく、打突には強さと重みがあります。ところが、体に大きな崩れが出ればそこで縁は切れ、緊張も切れてしまう。逆に、どんな瞬間も崩れがないとしたら、それは次の一瞬、さらに次の一瞬とつながっていきます。そして、観ている者にとっては息を呑む一瞬の連続となるわけです。両者の試合はまさにそんな一戦といえます。

2回目の延長となる。真っ直ぐ、ジリッ、ジリッと高橋選手が攻めていく。二合あって、スッと詰めて出る高橋選手。その動きを面打ちと見たか、梯選手が胴に返そうとして手元を上げた。小手に切り込む高橋選手。

梯選手が動かされました。高橋選手の小手打ちは部位にいったように見えたが、旗は挙がらない。或いは刃がくい込むような打ちでなく、当たった瞬間、腰が外へ向いてしまったから旗が挙がらなかったのでしょうか。惜しい打ちでした。

延長も3回目を数え、見応えのある応酬が続く。しかし決まらない。そして4回目に入る。構え合って、すぐ交刃の間合となる。数秒おいて、高橋選手がスッと詰めて出るや、梯選手が小手・面に跳ぶ。高橋選手も面と行った。共に空を切る。

ややあって、気当り見せてそのまま返し胴にいこうとする高橋選手。それを押さえて梯選手が面に打ち下ろすと、これが一本となる。やっと決着がついた。

延長4回目となって、高橋選手の攻めが急に不用意になったようです。気の充実が欠けたのか、剣先にもそれまでの威力がありませんでした。決着を焦ったか、それとも疲れが出てきたのか。最後に高橋選手は返し胴に行きましたが、無心ではなく、分別、つまりこう来るからこうしようという意識をもって出たような気がします。しかし、梯選手はそれまでと変らず気をしっかり充実させていました。両者の気に大きな差が生じたのです。そうなれば、梯選手にとって高橋選手の不用意な動きはよく見えたはずです。相手の返し胴の動きに対し、面打ちにいくはずもありません。高橋選手にしてみたら、自分が考えたタイミングで相手が打ってこない。一瞬迷った。しかし間合に入っていたからそのまま胴にいくしかない。その迷いもあって、腰の定まらない打ちとなり、大きく体のバランスを崩したわけです。もはや死に体です。梯選手はこの一瞬をすかさずとらえました。物打ちより手元側で打っていましたが、これは一本となります。見事な打ちでした。

◆いま、あの試合をふり返る……◆梯正治教士八段（談）

開会式で整列している時のことですが、先輩の先生方の中で緊張もしましたが、同時に特別な感慨も覚えていました。というのは、前の年（平成9年）に相次いで亡くなられた恩師の小沼宏至（範士九段）先生と中村毅（範士八段）先生は共にこの大会で優勝されている、そして両先生が並いる強豪を相手に奮戦された道場の、その同じ床を自分は踏みしめている、そんな思いでいっぱいだったのです。

開会式が終ってすぐ、私たちの試合となりました。相手は警察大学で同期の高橋先生。気心の知れた仲です。いつものように真っ向勝負を挑みました。それにしても高橋先生の気の充実はすごかったですね。一歩も退かぬぞ、という気迫が剣先を通して伝わってきました。私も「来るならいくぞ！」と〝先〟に懸かって応戦しましたが、打って出る機会はなかなか見い出せませんでした。

最後の、私の面が決まった場面ですが、どうしたのか、あの時だけ高橋先生の攻めに鋭さがなく、胴にくるのが見えました。

延長は4回でしたか……ともかく、出るに出られず、退《ひ》くに退《ひ》けない場面の連続で、打つ機会を見つけて打つというより身を挺して相手にぶつかって、いくしかないという感じでした。

明治村大会出場は、私にとっていい勉強の機会となりました。

◆いま、あの試合をふり返る……◆高橋俊昭教士八段（談）

明治村大会は私にとって憧れでした。しかし、いざ出場となって、不安が先に立ちました。果たして自分が、伝統ある大会に、そしてあの由緒ある道場・無聲堂に相応しい剣道ができるのか……と。でもすぐに頭を切り替えました。明治村大会出場という、望んでも得られない勉強の場を与えていただいたのだから、未熟は未熟なりに普段の稽古そのままを出すことが第一だと考えるようにしたわけです。

一回戦第一試合、相手は親しくさせていただいている梯先生。全力を尽くし、自分の剣道をぶつけるだけだ、と思って試合に臨みました。

面越しに見る梯先生の表情は、これまでにないくらいの厳しいもので、剣先からは気迫がビンビンと伝わってきました。

初太刀を出すまでの攻め合いは1分ぐらいだったようですが、自分としては2分近くやっていたように感じました。とうてい技の出せる状況ではなかった。気と気のせめぎ合い、肚と肚のぶつかり合い、そしてついには我慢くらべになりました。その後もそんな展開がほとんどで、私など息が苦しくなったほどです。

面を決められたところは、私が面にさそって返し胴に行くつもりでした。しかし見られてしまった。さすが梯先生ですね。

住する所なく、止《とど》まることのない心を養う、それこそが、より強く大きな〝本体〟をつくる

不動智神妙録に「応無所住而生其心《おうむしょじゅうにしょうごしん》」という教えがあり、読み下せば「応《まさ》に住《じゅう》する所《ところ》なくしてその心を生ず」となります。意味は「自分の心を自由自在、全身に充分に働かせ、なおかつ心は止《とど》まらないようにする、心を一ヵ所に止めておくのでは自由に働かすことはできない」。分かりやすく言えば、打とう打たれまい、ああ来たらこうしようと、とらわれていると、心は氷のように固くなり技は思うように出せません。足腰を充実して上体の心をのびのびと全身に行きわたらせれば、邪心が抜けて敵の出方によって当意即妙、自由自在に技を出すことができるということです。同じ不動智の「心の置所」あるいは「本《ほん》心妄《もう》心」が説くところとほとんど同じです。「心の置所」では「心はどこにも置かないことだ。そうすれば体の全て、指先、毛の一筋までにものびのびと行きわたるから、手なら手、足なら足、眼なら眼というように体中のどこでも必要に応じて自在な動きをすることができる」と教え、「本心妄心」では「本心とは一ヵ所に止まらず、すべてに広がりわたった心であり、例えていえ

ば水のように流動的なもの。妄心とは一つの所に固まってしまった心で、本心が水なら妄心は氷である」と教えてあり、妄心を「悪しき心」として強く戒めています。

梯選手と高橋選手の試合を見ていて、なんとなく不動智のそんな教えが思い返されてきました。剣道は、自分の持てる技を自由自在に出すことが大切です。しかし、そのためには不動智の教える心、すなわち止《とど》まらない心が肝要のこととなるわけです。要するに〝本体〟です。心の構えをしっかりつくるということです。

昨今の剣道は、ともすると正しい心の構えが見られず、ひたすら相手を打つことだけに意識がいっているケースが多いように感じます。技だけを用心して肝心な心の用心が足りない。打つことに、勝つことに心が止まっているのです。当然、早打ちとなり、無駄打ちも多くなります。そしてなによりも体の崩れが随所、随所に出てきます。

梯選手と高橋選手、二人は打って出ても、さばいて応じる時でも、その一瞬一瞬にほとんど崩れを見せませんでした。だから一瞬が次の一瞬につながり、実に見応えのある戦いになったのだと私は思います。

一切の思慮分別を捨てさって「正心」を全身に行きわたらせ、圧力をぬき、その上で相手の心を動かすべく下半身に旺盛な〝先〟の気を充実させ相手と対する。そしてその気を、一瞬一瞬がつくる長い流れの中で常に継続させる鍛錬が大切なことです。これは頭でなく、体が覚え込んでいなければ、とうていできることではありません。〝三昧〟という言葉がありますが、他なく、ひたすら自己を磨く〝三昧《ざんまい》〟、この三昧一途の修行をする中で本体をつくり、また、充実した気の継続を自得していくものではないでしょうか。つまり〝体達〟です。

止まらない心、住する所のない心があれば、そこから出る技は、思惑や想定といった邪心のない技、つまり無心の技となります。それは機に応じ、無意識のうちに出るものです。現出する形としては、それが剣道修行の目標の一つでもあります。ここに間髪をいれず、石火の機が存在しています。

そのためにも、やはり心を養うこと、「本心妄心」でいう〝本心〟を求め、そしてより強く大きな本体をつくり上げていくことではないでしょうか。

伝統ある明治村大会に相応しい試合を展開した梯選手と高橋選手は、いまその大きな本体づくりの途上にあるようで、数年後が楽しみです。

敗れたものの、終始攻勢に出ていた高橋選手に惜しみの敬の念を捧げてやみません。

現代 名勝負7

昭和60年●第31回全日本東西対抗（埼玉）大会三十一将戦

西軍●**作道正夫** 教士七段（大阪）

×

東軍●**林邦夫** 教士七段（愛知）

さくどうまさお／昭和22年生まれ。愛媛県出身。松山北高校から東京教育大学へ進学し、卒業後、同大学院体育研究科に進む。高校時代は中原喜一、作道圭二両範士、東京教育大時代は持田盛二、中野八十二、湯野正憲各範士らに指導を受ける。昭和49年、大阪体育大学に着任する。全日本学生剣道優勝大会優勝、全日本東西対抗4回出場。現在、大阪体育大学教授。

はやしくにお／昭和19年生まれ。岐阜県出身。岐阜農林高校から中京大学に進む。卒業後は体育学部助手として残り、昭和49年剣道部監督となる。全日本選手権大会2回出場（ベスト8）、全国教職員大会個人戦（高・大・教委の部）2位、明治村剣道大会出場、全日本東西対抗5回出場。現在、中京大学教授。

制限時間が終了して元の位置にかえる時、林選手には相手の心理状態が見えた。作道選手の後ろ姿に迷いの心が見え、そしてその機を逃さなかった

教員同士の対決となったこの一戦。中京大助教授、40歳の林選手。対する作道選手は38歳、大阪体育大助教授の職にある。

いい間合での練り合いが40秒ほど続く。間合がわずかに詰まる。スーッと剣先を下げて間合に入った林選手が面に打っていく。体を引いてかわす作道選手。

構え直して、今度は作道選手がジリッ、ジリッと攻めて出る。その攻めに圧力を感じたか、半歩、また半歩と退《すさ》る林選手。しかしそこからすかさず真っ直ぐ中心を割るようにして林選手が攻め返す。一進一退がくり返される。

攻める作道選手。林選手は中心を抑えて攻め返し、さらに下からの攻めも試みる。スーッと作道選手の剣先も下がる。そんな動きが二度あって、三度目、作道選手の剣先が相手剣先に合わせ、またスーッと下がってくる。

その一瞬だった。林選手が諸手突きに出る。

その林選手の剣先の動きは誘いです。うまく誘いました。そして作道選手の剣先が水平近くまで下がってくるや、この機とばかりに、一気に諸手で突きに出たということです。

部位は外れた。わずかに左に流れたようだ。

すぐさま攻めて出る作道選手。大きく二歩、三歩と林選手が退がる。作道選手が追い詰める。しかしそこで一瞬の間ができる。一時《いっとき》、流れが止まったかのようだ。そして次の瞬間、林選手が面に跳ぶ。

体を左に捌きながらその打ちを竹刀で受け、かわす作道選手。作道選手は、なぜあそこで一呼吸おいたのだろう。林選手の剣先に、攻め返しあるいは打ち気を感じたのだろうか。そうは見えない。たとえそうであったとしても、あの場面はもう一歩グッと攻め入って、敢然と勝負に出る機会だったように思います。5分間戦ったとして、こういう場面はそんなにありません。作道選手は勝負の絶好の機会を逃してしまったといえます。

もしかしたら、一呼吸おいたあの一瞬、作道選手は気のつながりを失くしたのかもしれません。というのは、その直後の作道選手の動きに生気が感じられないのです。すぐさま林選手が間合を崩すかのような面打ちに出ますが、それに対し、作道選手は引いて受けるだけでした。追って詰めて出たわけですから、そのまま気がしっかりつながっていれば、あの場面では当然集中しています。集中があれば、相手の打ち気に即応して、乗って出るとか、返す、あるいはすり上げるといった技で応じていたはずです。しかし、それはなかった。

気のつながりを保つということは、確かに難しい。数分間保つことも、数秒保つことも同じぐらいに難しいものです。なぜ難しいか。それは緊張の中の余裕、余裕の中の緊張、この兼ね合いのとり方が一瞬一瞬に変わるからといえます。

緊張だけでは、急いでならない時につい急いでしまいます。また余裕だけでは急ぐべき時に急ぐことができません。緊張は大切だが、同じように余裕も大切なのです。この緊張と余裕の兼ね合いを、彼と我の空間的、心理的間合の中でとるわけです。そのとき気のつながりは保たれ、すなわち気の充実が継続するのです。

真の打突の機会は必ずあります。そして気のつながりが保たれていれば、それは必ず見い出すことができます。自然と心に映ってくるのです。

これは何も剣道に限ったことではありません。社会生活全般にも通じるもので、いわば哲理、真理ともいえます。


鍔ぜり合いとなり、すぐに分かれる。作道選手が間合を詰めていく。小さく一歩詰め、また一歩詰める。ツッ、ツッと退がる林選手。しかしその引き方は、作道選手の一歩より小さい。そして三歩目を詰めながら、そのまま作道選手が面の一本打ちに出る。同時に林選手も面に跳び、作道選手の出端に合わせる。


ここは両者とも決めたいところだったと思います。林選手はうまく乗ったが、相手の体の勢いに負けて打ち切れなかったし、作道選手の打ちは相手が合わせてきたため少し深かったようだ。しかしいい面の打ち合いです。打ち合った瞬間は互角でしたが、その後の切っ先の向きと流れは作道選手の方が打突の方向へ真っ直ぐ行っていて良かった。これは、気が充分に乗っていたということです。気が打突の方向に伸びているわけです。こういう打突は、普通、正しく物打《ものうち》で部位をとらえれば、くい込むような打ちになるものです。

林選手は形は退がっていても、決して気も一緒に退がっているわけではなかった。むしろ〝先〟の気で懸かっていたといえます。だから作道選手の出端にスッと乗ることができたのです。ただし、これが面でなく、胴とかに応じていたら見事に決まっていたのではないでしょうか。勝負どころだと理解すれば、その手は充分にあったと思います。

作道選手の惜しかったところは、一歩詰め、次にもう一歩詰めて出る時でした。グッと入り込んで、そこで一瞬のタメをつくるべきだった。強烈な攻めになったはずです。また、間合としては、三歩目に入ったところとほぼ同じです。要するに、相手に崩れがあればすぐさま打って出ることができるわけです。タメは言うなれば体の攻めであり、肚《はら》の攻めです。相手の肚や心に直接響いていきます。作道選手には三歩目を詰めて打つのではなく、二歩目でこういう攻めをして欲しかった。

構え直して、作道選手が小手、小手、面と連続技に出る。左に回り込みながら林選手がさばき、中間となったところへ、作道選手が今度は下から突きにいく。かわしざま面に打ち下ろす林選手。鍔元が合わさって、すぐ分かれる。

作道選手が面の一本打ちに出る。余す林選手。ややあって林選手が面と出て胴に変わる。さらに面、面と作道選手が打っていけば、林選手も、小手、面、面と仕かける。

その後も、技の応酬が続き、やがて制限時間となる。延長、そしてその10秒後、林選手が諸手突きに出た。引いて余す作道選手。その崩れるところへ林選手が面打ちにいく。決まった。豪快な突きからの面だった。

林選手は、作道選手の心理状態を読んでいます。先輩としての意地がそうさせたのだと思います。

「止め！」がかかって元の位置にかえる時、作道選手は竹刀を腰に立てながら、相手に背中を見せていきました。気落ちしたような、迷いがあるような、そんな後ろ姿です。後半、あれほど攻勢をかけたのに決まらなかった、延長に入って、さてどう攻めたものか……多分そんな思いが作道選手の頭をよぎったと思います。ましてや試合をしている当事者の林選手にはしっかり映ります。当然、林選手は相手の心に隙ができたと見ています。まさに機です。機がそこにあれば、気は一層充実してきます。諸手突きは、時間内の前半に出したのと同じで、二度三度と剣先を下げながら相手の剣先を誘っておいて出しています。しかも前に出した突きよりも気が乗っています。だから左拳もしっかり咽喉に伸びていました。そして作道選手が引いて余すところへ、すかさず面に乗ったわけですが、気が前へ前へと伸びていて、その気に乗った形で無理なく面が出ています。お手本となるような見事な突きからの面打ちでした。

一方の作道選手にすれば、諸手突きは意表を衝かれたという感じだったのではないでしょうか。構え合って、まさにこれから気分をまとめ、調《ととの》えていこうかというところだったと思います。つまり気の充実が少々欠けていたのです。充実していれば、もしかしたら林選手の突きの兆しが見え、別な反応をしていたかもしれません。

林選手の気は相手の心理を読んだ時点から充実し切っていたし、対する作道選手は、一度、気の充実をゼロにし、「延長!」という主審の声がかかったところからつくっていこうとした。そこに歴然とした差があったのです。

両者の実力からすれば、もっともつれた勝負になるかと思われましたが、意外にもあっけなく終りました。それもこれも結局は気の充実の差だったということです。

◆いま、あの試合をふり返る……◆作道正夫教士八段（談）

打って出れそうなところが、前半に三度ぐらいありました。打って出なかったのは、相手が林先生ということもあって、「ちょっと待てよ、もう一つ見てみよう」という気持ちが働いたからです。

林先生が諸手突きにきたところもそうです。突きをしのいですぐさま反撃に出ていきました。二歩、三歩と退がって間合を切ろうとする林先生を私が追いかける形でした。そこでも「待てよ」という気持ちが頭をもたげたのです。また、中盤あたりでしたか私の面打ちに対し林先生が合せ面に来たところ、ここでも一瞬の逡巡が私の中にありました。一歩、二歩と攻め入ったところです。やはり「待てよ、まだだろう」という気持ちになり、結局さらに詰めて出て打っていきました。あそこは迷わず二歩目でグッと入りながら中心を割っていくべきだったのです。

延長に入って、林先生の突きからの面を見事に打たれたわけですが、あれはそれまで私が何回か林先生の攻めに対し、〝ゆったり〟と応じていたのを見逃さなかったということではないでしょうか。「始め」がかかってまもなくでした。しかしわたしとしてはその気持ちにまとまりがなかったわけではありません。林先生の突きを、私は「早仕掛けだ！」と思ったぐらいですから。ただ少し意表をつかれた気分になったことは事実です。その分、次の面打ちに対する反応ができませんでした。

◆いま、あの試合をふり返る……◆林邦夫教士八段（談）

自分としては、気はずっとつながっていたと思います。どの場面でも途切れることはなかった。制限時間がきて、延長となったときもそうです。気の充実は欠いていませんでした。むしろ、いい形で継続していたと思います。だからでしょう、作道先生の心理状態がなんとなく見えた気がしました。

制限時間の笛が鳴った時、作道先生はこちらに背を向けて元の位置に戻っていきました。その後ろ姿に彼の迷いが感じられたのです。「仕切り直しだ。まず呼吸を整えるとして、さて、どう攻めるか……」そんな思いが彼の脳裏を走ったのではないでしょうか。

向き直って構え合いました。そのとき彼の剣先には、それまでの鋭さが感じられませんでした。それでここぞとばかりに攻めていきました。結局、突きからの面が決まりましたが、あれは狙っていったわけではありません。攻めの気分そのままに出ていったら、突きから面と行っていた。つまり無意識に出た技だったのです。

時間内の攻防では、何度か作道先生に厳しく攻め込まれ、その都度なんとか前捌きでしのぎました。そのことが彼に迷いを生じさせ、結果的にあの面打ちにつながったのではないでしょうか。

真の一本打ちを打つ、これが本来的な剣道を求めることになる

中盤すぎ、両者は烈しく打ち合いました。それもほぼ代わる代わる。そして位置を替えては、また向き直るという感じでした。

打突は一本打ちは少なく、ほとんどが二段、三段の打ちでした。この応酬を見ていた時、小川忠太郎先生が日ごろ言っておられたことが、ふと思い出されました。

「京都大会で小川金之助先生と斎村五郎先生がやった。小川先生が四十三、斎村先生が四十一のとき。構えていて、剣先の攻め合いで、どっちも一歩も引かない。どっちも肚がすわっているから入れない。この攻め合いだけで終った。これは位の稽古。肚がすわっているから、技のでる真の機が生まれない。実に良い試合だった。私はそう見た。だがこの試合のことは、ほとんどの人が知らない。大島先生と宮崎先生の試合は誰でも知っているのに、同じ頃に行なわれたもっとも良い試合を誰も知らない。試合を見る目をもっと磨くべきである」(『剣道講話』収録)

林選手が40歳、作道選手が38歳。年齢的には当時の小川、斎村両先生とほぼ同じです。それが、どうしてこうも対照的な試合になったのでしょうか。大きな理由は二つ考えられます。一つは、両選手が戦後の剣道で育ったこと。もう一つは共に大学で学生を指導していたことだと思います。剣道の本来的なものに対しての理解は両者共しっかり持っています。しかし学生指導の現場としては、どうし

ても体育的、スポーツ的な形をとらざるを得ない。そんな中で自分の剣道をつくってきたのではないでしょうか。つまり技を豊富に遣い、それぞれの技を練って練って、そこから本体をつくり上げ、正しい理を自得する。すなわち〝事熟すれば、理、自ずからかなう〟という正道を求める方向を向き、その過程の中に両者はいたのです。そしてそうした普段の自分の稽古そのままをこの試合で出し合っていたと言えます。

両者に、身体的な練りは充分に見えました。姿勢態度は実に良く、どんな烈しい動きの中にあっても決して体勢が崩れることはありませんでした。とくに打突後の体の整えは見事でした。

だからでしょうか、技の応酬に終始したとはいえ、全体的に爽快な印象があります。サラッとし、スッキリとし、いやらしさ、濁りがまるでないのです。それは、両者が間違いなく正しい剣道へ到達する方向性の中にあると見えたからでもあります。観衆も含め、皆そう思ったに違いありません。

実際、両者はその後八段位を取得し、その剣道はそれぞれ高く評価されています。

それにしても、この試合は両者の二段、三段の連続打ちが目につきました。連続打ちが悪いということではありません。一本打ちが極端に少なかったということを言いたいのです。

剣の理合の根本は〝一刀一事〟です。一打でおさまり、二《ふた》太刀は要らない、そういう覚悟が打突の基本となるということです。

一本打ちを出すには、まず両者が合気とならなければなりません。合気となり、充分に攻め合い、徐々に優勢劣勢が出てきて、相手の気をくじき、心を揺らし、そして備えをも崩し、そこへすかさず打っていくわけです。それが機と見、決めて打つ真の一本打ちです。そしてここにこそ、剣道の本質があるといってもよいと思います。

両者も確かに一本打ちを出しました。しかし、中盤の打ち合いの中で出した一本打ちは、ことごとく相手に軽くかわされています。ということは、相手の心に響くような、心を揺らすような攻めを経た上での打ちにはなっていなかったということです。

七段というレベルの剣道で一本打ちが決まるケースは、そこに気の戦い、心の戦いが現出するものです。そしてより確かな一本打ちを放つため、いろいろと思念工夫し、心肚を鍛錬する。それが次のレベルの剣道へとつながっていくわけです。

もし、初めから一の太刀を捨て、二の太刀を生かすような剣道をしていたとしたら、それはよりスポーツ的、より競技的といってよいと思います。

七段といわず、六段の頃であっても、そろそろ連続打ち主体の剣道は卒業すべきではないでしょうか。

今回は少々手厳しい話になったかもしれません。しかしあくまでもこの試合の「ここは……」という部分をピックアップして、それを例にとりながら私の考える剣道の本質を語りたかっただけです。そしてまた、私自身、林選手と作道選手の剣道をその後もずっと見てきて、やはり間違いなく本来の伝統的な剣道に向かっていると評価すればこそ、意識的に取り上げさせていただいたわけです。

現代 名勝負8

平成6年●第18回明治村剣道大会一回戦

岩立三郎 教士八段（千葉）

いわだてさぶろう／昭和14年生まれ、千葉県出身。成田高校卒業後、千葉県警察に奉職。高校時代は滝口正義範士、千葉県警では馬淵好吉、糸賀憲一両範士に指導を受ける。平成11年3月、千葉県警察剣道師範で退職。明治村剣道大会6回出場、全日本東西対抗5回出場。現在、松風館道場師範。

×

井上茂明 教士八段（奈良）

いのうえしげあき／昭和15年生まれ。奈良県出身。県立奈良高校から関西学院大学に進み、井坂賢一郎範士の指導を受ける。卒業後、川鉄商事㈱に入社。業務のかたわら松本敏夫範士に就いて稽古に励む。全日本選手権大会3回出場、明治村剣道大会6回出場、全日本東西対抗8回出場。現在、川鉄テクノコンストラクション㈱嘱託

両者の技が尽きたところで、体がぶつかり合う。そこを井上選手は勝負どころと心得、岩立選手は逆に油断してしまったようだ

これまで、公式戦で二度対戦している両者。一度目は七段当時の山梨国体。二度目は二人が八段に昇段したその年、青森で行なわれた全日本東西対抗だった。それから約六年、久々の対決である。井上選手53歳、早生まれの岩立選手は55歳―。

◉

井上選手が左に体を移動し、そのまま触刃の間で両者が対峙する。

両者共、実にいいですね。気を下に降ろし、スーッと自然に構えています。剣先の大きな動かしはないし、じっとしている中にも手元の軽さが見えます。風通しがよく、いかにも涼し気な岩立選手の構え、そんな感じを受けると同時に、心・気の静かな通じ合いも見てとれます。見事なまでの〝調和〟です。

30秒が過ぎ、40秒が過ぎる。対峙が続く。両者の袴の裾は小さく揺れている。互いに、ジリッ、ジリッと詰め入っているのだ。

井上選手にいつもと違う雰囲気があります。井上選手の場合、普通ですと、相手の中心を破っていきにも打ち掛かっていくような烈しい気迫を見せるのですが、ここまではそれがない。静の気で、じっくり相手を見ています。

相手の剣風を認め、敬意の念から相手に合わせて、その中に勝負にいける自分があるかないかを試みているともいえますし、また経験的にも引き出して、起こりを打つのが巧みな岩立選手の剣違いを知っていて少し慎重になっている部分があるかもしれません。

井上

1分が過ぎた。間合は詰まってきている。交刃、そしてさらに詰まる。スッと、ほんの少し岩立選手の右足が出る。井上選手は動かない。……3秒、4秒、5秒。岩立選手が仕かけて出る。突きか、面か。しかしその岩立選手の竹刀が上がるところ、すかさず井上選手が中心を抑えて出る。岩立選手が面に打ち下ろす。不充分。さらにそこから右脇にひっかかった井上選手の剣先に押さえられながらも、岩立選手がもう一本引き面を打つ。

この場面、二つの大きなポイントがありました。一つは仕かけて出た岩立選手がその前に見せた右足の動き。詰まっていた間合で、さらにほんのわずかだがもう一つ詰めた。これは岩立選手の〝先〟の気の起こりで、いわば攻めです。その詰まった間合から二度攻めは相手の心に強く響き、効果があります。

もう一つは岩立選手が出てくるや、同時に井上選手も中心を取る。それまで長い練り合いがあったわけですが、両者共、気が丹田にしっかり降りていました。静と静の対峙、どこを、どう攻め、どの一瞬にどんな技で打とうかといったことは一切考えず、ひたすら相手と一体になり、以心伝心、相手の心がすべて映ってきます。当然、動じることもありません。岩立選手と井上選手の一瞬の動きが全く同時だったのは、いわゆる合気の証拠です。井上選手に少しでも打つ気が出れば多分その起こりを岩立選手に面で乗られていたと思います。

両者、鍔元を合わせ、中央にもどりながらすぐに分かれる。再び練り合いが続く。岩立選手が右に回り込む。井上選手は動かず、同じ位置で向きを変える。2、3秒あって、井上選手が相手剣先を表から軽く押さえながら面にのぞむような動きを見せ、岩立選手が面に合わせてくるや小手を打つ。今度は井上選手が〝先〟に出て仕かけていき、相手の面打ちを引き出して小手に切り込んだわけですが、少し深かった。

一方、岩立選手は井上選手の動きを面打ちと見て、その起こりに面で合わせようとした。しかし井上選手に〝先〟をとられていて、ついその場打ちになってしまったようです。起こりをとらえるなら、やはり〝先〟に懸かっていなければいけません。その旺盛な〝先〟の気が体に勢いをつくり、鋭く前に出ていく打ち、剣先の走った強烈な打ち、これを可能にするわけです。

鍔元が合う。その間合から井上選手が面を打ち、中間となるやどちらからともなく分かれる。少し間があって、間合が詰まっていく。

岩立選手がスーッと剣先を下げ、そこからその剣先を素早く上げて中心につけながら攻め入る。強烈な気当りだ。思わず井上選手が竹刀を掲げて体を寄せる。その竹刀を岩立選手が表鍋で支え、すかさず手首を返して面を打つ。井上選手の体が少し崩れた。しかし面打ちは不充分。

この場面、井上選手が動かされました。それで防御しながら体を寄せて、間合を詰めていったわけです。もしその場で防御していたならば、岩立選手が出足をつけて面打ちにいったと思います。ここで見せた岩立選手の〝先〟の気は相当に強く、また厳しいものでした。

構え直す。井上選手が真っ直ぐ相手の腹を突くかのようにスッと出る。瞬間、岩立選手は剣先を下げ、そして上げる。そこへ井上選手が小手に切り込む。受けてかわす岩立選手。

鍔元が合う。引き面を放つ井上選手。岩立選手は相手の体に竹刀をつけていく。その竹刀を表から巻いて、井上選手が今度は諸手突きに出る。

この中間《ちゅうま》での一連の動きは、いつもの井上選手です。気迫のほとばしりそのままに打突を出しています。しかし一本に決めようとして打っているわけではありません。次の展開を考え、自分の気持ちを鼓舞しているのです。

それと、この場面に限っては少々焦《じ》れている感じも受けます。ここまで、機会も技も思うようにいかず、むしろ相手に先に先にと技を起こされている。なにか自分の剣道が空回りしているようだ……、多分そんな感じを井上選手は持ったのではないでしょうか。そういうことは、はた目以上に試合者本人がよく解っているものです。

すぐに分かれて構え合う。間合はほぼ一足一刀か。やがて井上選手が、剣先を表から裏に回す。その瞬間、岩立選手が真っ直ぐ中心を割って面打ちに出る。出小手に合わせる井上選手。

岩立選手が割って真っ直ぐ出たのは、この試合ではこの場面が初めてです。それまでは、〝先〟に懸かって攻めていても、打突にいくとき動きの中に必ずワンクッション置いていました。ワンクッションの間《ま》で相手に技を起こさせ、その起こりに乗る剣を遣っていたわけです。いうなれば、相手の好むところに合わせて打つ、つまり〝吾知らずに〟とはいかないまでも、形としては〝敵に従うの勝〟を求めていたということです。ところが、この時はそのまま打って出た。井上選手としては少しあわててしまい、出小手に合わせるのが精いっぱいという感じでしょうか。それにしても、あわてて、多分に気持ちが引けていたにもかかわらず、すぐさま出小手に合わすあたり、井上選手はさすがです。地力があり、また稽古もできていたといえます。

また練り合いとなり、そこから面に打ち合う。決まらない。

井上選手は岩立選手の剣先を払い気味に出て面にいき、岩立選手はその井上選手の竹刀を受けて返しながら面にいっています。ここでも岩立選手はワンクッションを置いています。これが技に頼ってくる相手だったら、この場面も含め、これまでの岩立選手の面打ちは何本か決まっていたでしょう。しかし、相手は旺盛な気力を剣先と体の全てに込めて打ちかかる井上選手。そのため、岩立選手はズバッと打ち切れていません。気の遅れが見える。まことに惜しむべき技です。

間合をとって構え合い、ツッと攻めた井上選手。岩立選手が手元を上げる。そこへ井上選手が小手といく。

その後、しばらく練り合いとなり、岩立選手が詰めて出る。すかさず乗って、井上選手が面に打ち込む。返し胴に変わる岩立選手。その竹刀を井上選手が押さえ込む。そして次の瞬間、井上選手が引き面を放つ。一斉に審判員の手が挙がった。

井上選手が大きく踏み込んで面にいく、それを岩立選手は迎え出て、前で捌きながら胴に返した。岩立選手が詰めていただけ、両者の間合が詰まっていたから、返し胴を放ったものの打突が深く、そこで岩立選手は左手を竹刀から離して抜こうとしたわけですが、これが命とりになりました。右手一本となった瞬間に引き面を打たれては、さすがの岩立選手もとうてい防ぎ切れません。

ここは無理に抜こうとせず、そのまま竹刀をからませ鍔ぜり合いにもっていくべきだったと思います。それにしても、竹刀を上から押さえられたからといって焦ったわけではないでしょうが、やはり勝負に対する、ちょっとした油断でしょう。気の充実と持続は最も大事なところです。

体の寄ったところで両者の技は尽きています。しかし技の尽きたところはまた打突の機会であり、井上選手は勝負どころと心得、そこを見逃さなかった。鮮やかな一本です。

岩立選手は井上選手に引き面があるということを重々識《し》っていたはずです。しかし体が寄りすぎていたため、競り合っている気分が一瞬切れて心の隙をつくってしまったのです。

◆いま、あの試合をふり返る……◆岩立三郎範士八段（談）

井上先生の気迫と体の勢いは、とにかく強烈です。それをよくよく知っていただけに、気持ちで負けない。決して退がらない、そういうことを頭に入れて試合に臨みました。

実際、一瞬たりとも気の抜けない試合となりました。自分としては、気構え、体の備えという点であまり崩れなかったのではないかと思っています。ただ、やはり井上先生の気迫には随所で圧されてしまいました。あの烈しい気迫に上から乗っていけるかという課題も持って臨んだわけですが、ダメでした。乗り切れない、だから打ち切れない、その場面の連続だったような気がします。鍔元が合わさったところからの引き面、引き小手などには注意していたつもりです。しかし、最後のあの一瞬は防ぐことができませんでした。

◆いま、あの試合をふり返る……◆井上茂明範士八段（談）

岩立先生とは青森の全日本東西対抗で対戦していて、とにかく間合に明るい先生だという印象を持っていました。それと、色もなく、真っ直ぐビューンと伸びてくる面打ち、あれは充分注意しなきゃいけないと頭に入れて試合に臨んだことを覚えています。

序盤は、だいぶ長いこと練り合っていたと思いますが、不用意に入っていったら打ちとられるという思いと、この機会にもう一度、岩立先生の剣道をじっくり身体で感じてみよう、そんな考えから、自分なりにしっかり集中していたわけです。

中盤ごろから、岩立先生があの踏み込みの鋭い真っ直ぐな面打ちで私の起こり頭を襲ってきました。3、4回あったでしょうか。その都度、さすがにいいところへ打ってくると感じていました。

一本となった私の面打ちは……引き面でしたね。でもあまり覚えていません（笑）。

攻撃精神の純粋持続、そして勝つの正念をもつことです

両者の剣道は私自身、よく見ています。そして、いい剣道をする、といつも思っています。しかし、同じ意味で良いと言っているのではありません。

むしろ両者の剣道は対照的であり、違った剣風をもっています。

井上選手の剣道には、相手に勝つという一念がにじみ出ています。それでいて、無理な打ち、崩れた打ちをするわけではありません。つまり、見苦しく勝敗に拘泥した剣道ではないのです。むしろ、勝利を求めながら、その豪快ともいえる一打一打に自分の剣道を思い切り表現しようという意識が見えます。理にかなった動きの中、如何に自分らしい一本が打てるか、その事にしっかり集中しているのです。井上選手の烈しい気迫、勢いのある体、私にはそれらが実によく解ります。

では、岩立選手の剣道はどうか。本人としては、勝つことはもちろん求めているのは当然です。しかし私には、その気力が稀薄に見えて仕方がないのです。まず自分の剣道があり、自分なりの剣を遣う。その結果として勝利を得るならば、それも善し、そんな姿勢が見えるわけですが、勝つ、これを強く意識するあまりに、自分の剣を忘れ、計算立てるような剣風ではない、これはよく解ります。当然のことです。しかし、そのことに一般論からいっても頑《かたく》なになってはいけないと私は思います。自分の剣道からはみ出すのではなく、例えば意識しながら、いま以上強烈な〝先〟の気をみせるとか、もっと勝ちにこだわってみるとか、とにかく自分の剣道の〝応用〟を試みるのです。心法はもちろんのこと、身法も刀法もまだまだ上があります。この道程には、八段という高段位であっても、人によっていろいろであります。それを見つけるためにも、自らの剣道を一つの枠にはめず、もっと自由な発想で〝応用〟を試みてもよいのではないかと思うのです。上を求める限り、必ず〝ひらめき〟はあります。それは誰かに教えられるものではなく、自らが発見するものであり、非常に大事なことといえます。

そして〝応用〟の理念的な基《もと》はやはり〝勝利〟におくべきでしょう。剣道は格技です。格技の根本は〝相手に勝つ〟です。その意味からも極めて当然のことと考えます。

この「勝つ」ということについて、小川忠太郎先生も著書『剣道講話』の中で次のように言っておられます。

「勝負ということは、人生の勝負である。その勝負において勝つことだけを考える。〝勝つの一念〟これが正しい。剣道というのはこれ。〝勝つ〟の一念だけ。ところが修錬の足りない人は、みんなが見ているからよく使おうなどとまわりを気にする。また打たれずに打とうなどと余計なことを考える。そういう考えが出たら駄目。この一念以外の考え（二念）が出たらいけない。こういう余計な考えが出ると〝邪《よこしま》〟となる。剣道の修行というのはこの二念以下をぶち切ってしまう」

そしてさらに、

「勝つの一念は日常生活なら〝生の一念〟。生の一念だけ。これが続けばいい。生々……と生の連続、その一念で隙を作らないこと。年をとってもうだめだなどと思うのは隙。そういう隙を作らない。そうなれば生きていることが楽しみになる。それが剣道の中にある」

と説かれています。人間形成の基は、やはり真剣勝負にある。

さて、勝つの一念を持つことの重要さは理解できたとして、実際の剣道ではどういう気構えでいるべきか。その気構えは柳生新陰流の教えにあります。作家・津本陽氏との対談の中で、宗家の柳生延春先生が「相手と相対しまして、いま敵にスキがあると思い、パッと技が出るためには、無心の境地において相手がちゃんと見えていることが大事なんです。相手がどういう状態になっているか見えなければ、そこを突けませんし、パッと技もでない。ですから先制攻撃の〝先〟の気持ちですね。先という攻撃精神を純粋に持続しておること〝純粋持続〟、これが剣の極意です」と話されているのです。

純粋持続の〝純粋〟は無心ということ。無心とは本心そのままということです。また、パッと技が出るというのは、熟達した〝事〟のことを言っています。まさに理事一致を説いているわけです。勝つの一念、そしてそれを基においた自らの剣道の応用、さらには攻撃精神の純粋持続、その実践の場を、勝負をとる試合に求めるのは極めて自然であり、効果の面でも大いに期待できると私は考えます。もっともっと勝ってもらいたい。勝ちの中に人間形成を求めてください。

現代　名勝負9

平成10年●第44回全日本東西対抗（大垣）大会・副将戦

西軍●島野大洋　範士八段（大阪）

しまのまさひろ／昭和14年生まれ。大阪府出身。府立佐野工業高校から大阪府警に入る。特練を退いた後、城東警察教導、大阪府警察本部剣道主席師範、近畿管区警察学校術科教官室長を経て平成11年3月、大阪府警察本部教養課術科指導室長で退職。全国警察官大会優勝5回と全日本選手大会6回出場、明治村剣道大会5回出場、全日本東西対抗6回出場。現在、大阪府警察学校非常勤特別嘱託。

×

東軍●福本修二　範士八段（神奈川）

ふくもとしゅうじ／昭和13年生まれ。東京都出身。東京教育大を卒業後、昭和40年に慶應義塾大学体育研究室に入り、平成元年度より同大学総合政策学部教授となる。明治村剣道大会3回出場、全日本東西対抗5回出場。現在、全日本剣道連盟常任理事、同試合審判規則委員会委員長、全日本学校剣道連盟常務理事、慶應義塾高校の学校長を兼任。

烈しい技の応酬。しかしその両者の一本一本それぞれに意味があり、決して無駄打ちはなかった。そして精一杯自分を表現していた

優秀試合賞に輝いた一戦。学連出身の福本選手、60歳。対する島野選手は58歳、大阪府警の主席師範を務める。

◉

立ち上がるや、スッと島野選手が右に回り込む。一歩……二歩。福本選手も小さく右に回る。一瞬の間があり、半歩、島野選手が右前に出る。福本選手は動かない。両者の剣先が触れ合う。

島野選手のこの滑《なめ》らかな体の移動、実にいいです。腰が安定し、腰主導のさばきになっています。腰の強靭さと同時に、動的な〝美〟も感じます。稽古でつくり上げた腰といえるでしょう。

福本選手が体を左に移す。すかさず島野選手も右に回る。両者の剣先がガチッと合わさる。まるで互いに噛み合っているかのようだ。

福本選手が、表、裏と返して相手剣先を小さく払う。島野選手も表から払い返す。

20秒が過ぎた。福本選手が表から竹刀で摺り込むようにして中心を抑え、前に出る。すかさず体を左後ろへさばく島野選手。その剣先は相手の中心についている。

ややあって、福本選手が今度はわずかに剣先を下げて間合を詰めていく。島野選手の剣先も下がる。そのまま、1秒、2秒……。半歩引いて、福本選手が間合をとる。

両者の〝先〟懸かりの気と気が烈しく交錯しています。互いに剣先で正中線を取り合い、まさに拮抗した状態にあるといえます。正中線は抑えても、それを破ることができない。つまり相手の心、心の核、芯《しん》、すなわち正中芯、それを揺り動かすことができないでいるわけです。共に心が調《ととの》って、まとまっているということです。正中の中は〝あたる〟と訓《よ》みます。まず自らの心に中り、心の核に中って本性を認め、その本性から出て相手の心、心の核に中る、正中線、正中芯の取り合いとは、本来そういうものです。試合者双方がそうであって、なおかつ心のまとまりに差がないならば、とうてい動くことはできません。それが相抜けの心境ではないでしょうか。互いを識《し》ればこそ動けないのです。

しかし、やがて徐々に差が出てきます。攻めて、逆に厳しく攻め返される、あるいは打ち気に出る、相手の技を見るなど、試合が展開していく中で、さまざまの心が動くわけです。その繰り返しが剣道であり、だから剣道は難しいという声が出てきます。

練り合いが続く。福本選手が表から相手剣先を払い、島野選手も裏から払って見せる。

少しの間があって、福本選手が表から払いざま剣先を利かせて間合を詰める。スッと引いた島野選手。そこからすぐさま体を入れて攻め返し、表から竹刀を張るや福本選手の手元の上がるところへ小手に切り込み、さらに面と打っていく。小手に旗が一本挙がる。

鍔元が合い、すぐに分かれて構え直す。裏から強く払って出て、福本選手が打ち気を見せる。島野選手は返し胴に変わった。

再び攻め合いとなる。右、左と体を移しながら島野選手が出ていく。間合が詰まる。と、福本選手が表から相手剣先を軽く押すようにして摺り込み、ツツーッと攻め返す。引いて間合をとる島野選手。福本選手はなおも詰めていく。島野選手が面に乗る。胴に返す福本選手。引き面を放ち、もう一つ面と打っていく島野選手。その面打ちに対し、福本選手は出小手で応戦する。ここまでの展開を見る限り、福本選手の方が積極的に探りを入れていますが、島野選手はそれに合わせながら、もう一つその裏をつく探りをやっているように映ります。探らせながら、実はしっかり探っている。目に見えないリードをしているといえます。探らせながら探る、その読みの繰り返し、これが勝負師の「先々の読み」といいますかね。打突も理に適ったところで出ています。しかし、まだ決まりません。それは福本選手の仕かける技が効いていて、一本一本が心の核から出て、気と体が相手に充分に乗っているからです。気の居付きがなく、迷い、逡巡といったものが全くない。従って機にスッと出て、しかも体には勢いと調《ととの》いがあり、当然、崩れもないわけです。そういう外連《けれん》のない技に対し、それを切り返して一本にするのは、たとえ理に適っていたとしても簡単なことではありません。

分かれて構え直し、今度は島野選手が先に仕かける。間合を詰めていき、小手・面と出た。その小手打ちを福本選手は表鎬で受け、すかさず返し小手に応じる。そこへさらに面と打って出る島野選手。福本選手は竹刀を突き出して中心を抑える。

〝受け、即、打ち〟—両者共にこれがよく出ていて終始縁の切れ目がない。実に小気味よく、見応えがあります。攻防不二の剣、懸待一致の剣を存分に遣っているといえます。

一、二合あって、島野選手が攻め入ろうとする瞬間、その剣先を福本選手が裏から強く払い、攻め返していく。わずかに引いて間合をとる島野選手。福本選手は剣先を下げ気味にしながらなおも攻め入る。しかし島野選手はその攻めに対して今度は引かない。気で乗り返し、そのままタメをつくっている。思わず手元を大きく上げる福本選手。その一瞬、島野選手が鋭く小手にいく。旗が３本、一斉に挙がった。

これは狙われていたという感じです。福本選手は、それまで何回か手元を上げていましたからね。島野選手の面打ちを誘って胴に返そうとするあまり、ついつい左脇が甘くなっていたのかもしれません。相手の思惑に気が動くと得てして打ち気になって脇が甘くなる。左脇が甘いと手元は自然、大きく動きやすい。そうならないためにも、左脇はグッと締めていなければなりません。締めるといっても、紙一枚をはさむ感じです。この紙一枚の空きが、かたくならず甘くならない極めて自然な締めをつくるのです。左脇がそうなっていれば、左拳は臍下のいい位置に定まるものです。

二本目となる。右、右と回り込む島野選手。福本選手は体の向きを変えながら、じっと対峙している。そしてツッと剣先を利かすや、小手と打っていく。合わせて小手、さらに面と打って出る島野選手。分かれて、小手を打ち合い、そこから島野選手が面と出て、続けて面、面といく。福本選手は剣先を相手の喉元につけている。

主審の「止め！」が掛かって、元の位置にもどる両者。そして数合後、福本選手の豪快な面が決まる。島野選手が攻めて出て、徐々に間合が詰まってくるや福本選手が剣先を下げ、その剣先を表側に回して上げていきながら大きく面に跳んだのだ。すかさず島野選手も小手といったが、抜かれて空を切っていた。

大阪
島野

大阪
島野

島野選手が攻めて出た形だが、福本選手は間合が詰まるまではじっと動かずにいました。そして間合が詰まった瞬間、〝先〟をとって相手を押し返すような烈しい〝懸かり〟の気を見せたわけです。つまり島野選手が攻めに出る前から、福本選手は強い〝先〟懸かりの気力を内に蔵していたということ。その肚《はら》の底から発した気に島野選手は、まさに逆襲に遭ったという感じで、一瞬、気が居付いてしまったのではないでしょうか。そのまま反射的に小手に出たところを見事に抜かれた。島野選手にしては珍しく中途半端な出方になってしまったのだと思います。

それにしても、豪快な福本選手の跳び込み面でした。

一本一本の勝負となり、一合、烈しく打ち合った後、制限時間の笛が鳴る。延長に入る。左に回り込む島野選手。ツッと追い込むように出た福本選手。さらに右足をわずかに進める。その動きと同時に、島野選手が面に跳ぶ。返し胴に変わる福本選手。

右足で〝先〟の気を見せ、島野選手の出端面を福本選手が引き出したわけですが、返し胴は深かった。島野選手がしっかり腰で打っていて、それだけ体の寄せが早いからとも言えますが、福本選手が〝先〟の気そのままに、相手の面の起こり端を迎えるようにして返していたら、どうだったでしょうか、あるいは決まっていたかもしれません。確かに島野選手の面も、まさに間髪を入れずという感じでしたから、何ともいえませんけど……。

鍔元が合わさるが、互いにすぐに分かれる。その後、小手の打ち合い、福本選手の片手面などが出る。そしてさらに数合あって、小手の打ち合いから島野選手が面と出、それを福本選手が胴に返し、振り向くその機会を捉えて島野選手はすかさず引き面を放つ。胴は不充分で、しかし決まらない。一連の流れの中、島野選手はいいところを打ちました。部位には当たったが、福本選手はサッとすぐさま向き直って、間を詰めて相手に気で攻め入った。縁が切れていない。つまり、心は虚になっていないわけです。微妙なところですけど、やはりこのクラスでは一本にはならないでしょう。

数合後、面の打ち合いがあり、また数合あって、福本選手が引き小手、裏から払っての小手、さらに引き面と攻め立てる。

延長も5分が過ぎた。なおも二、三合、烈しく応酬し、分かれて構え直す。島野選手が右に回り、左に体をさばきながら攻めて出る。小さく一、二歩退《すさ》る福本選手。そこから島野選手の裏を攻め、すぐに表に回って面の一本打ちに出る。小手に押える島野選手。そして両者の体が交差するや、島野選手が引き面を放つ。決まった。

打たれた瞬間、福本選手の体が崩れていました。だからこれは一本になります。福本選手も、これは決められたと思ったはずです。

それにしても、10分41秒、長い勝負でした。しかし観ていて飽きがくることはありませんでした。終始、烈しく打ち合いましたが、互いの一本一本それぞれに意味があり、およそ無駄な打ちはなかったと思います。いろいろ技が出ました。両者共、持っている技のほとんどを出したのではないでしょうか。出して出して出し尽くし、そして自分を表現したといえます。

気力と機会と技、すなわち〝気・機・技〟の一体感、これが両者の剣遣いに最後まで尽くしきって縁の切れ目がなかった。優秀試合賞は当然だったと思います。

◆いま、あの試合をふり返る……◆島野大洋範士八段（談）

福本先生の攻めは、とにかく圧力がありました。とくに二本目の面を返された時が凄かった。あの場面、引いて間合を切るか、逆に出て体を寄せていかなければいけないところだったんですが、先をとられて居付いてしまい、後ろ足がまったく動きませんでした。しかし、いま相手はまさに打って出ようとしている、このままでは打たれてしまう、どうするか、そんな思いから手先だけで小手打ちにいってしまった。これでは面にくる勢いは止められません。重みのある豪快な面をもらいました。

福本先生とはこの試合が初めての対戦でしたが、気が途切れることもなく、また思い切って技も出せたし、自分としては精一杯の勝負をしたという感じで、非常に印象深く残っています。

◆いま、あの試合をふり返る……◆福本修二範士八段（談）

序盤に見事な小手を頂戴し、これは迂闊には出ていけないぞと思いました。だからその後は、攻めて相手の技を引き出し、その起こりに乗る、あるいは返すか摺り上げるかして応ずる、そんな戦い方をしていったはずです。

しかし島野先生は出足が鋭く、返しも早かったのでなかなか打ち切れませんでした。二本目の私の面は、小手に誘って島野先生が出てくるところを摺り上げながら打っていったと記憶しています。

一本一本となってからは、ここはどうだ、こう行ったらどうくる、といろいろやってみました。10分を越える試合になったようですが、自分では短く感じたぐらいで、終った後は自分のすべてを出しきったという満足感がありました。

共に持てる全ての技を思い切り出し尽くしています。心技一体、これは非常に大事なことです

この一戦を観て、改めて〝尽くしきる〟ということの大切さを認識させせられたような気がします。〝尽くしきる〟の〝きる〟――これが特に重要であり、修行の上では大きな意味を持っています。剣道でいえば、捨てきること、打ちきることです。

小川忠太郎先生は、この〝尽くしきる〟について、およそ次のように説明されています。

「剣道は技だという人がいる。また反対に剣道は心だという人もいる。二つの意見は対立して結論が出ない。技と心、どちらがいいかではなく、技でも心でもそれに徹すればいい。尽しきればいい。技を尽せば（性を知る）心になる。心を尽せば技になる。大事なのは徹底すること（一念不生）、尽しきることである。尽しきれば根本は一つのもの。技即心、心即技、心技一体である。

正受老人の師匠である至道無難禅師は『生きながら死身になってなりはてて、思うがままになすわざぞよき』と言っている。生きていて死んでいる。それになりきる、即ち尽しきること。そうすれば

『思うがままになすわざぞよき』となる。つまり孔子の『心の欲するところに従って矩をこえず』、打ちたいように打っても剣の理法にかなっているというところである。

しかしこの『なりきる、尽す』というのが難しい。十のことを九までは誰でもいく。しかしそこで行きづまる。そして別な方法を考える。また九まではいくが、やはり行きづまる。この繰り返しで、結局は十まで行くことができない。この関門は天才とか器用なだけでは通れない。それこそ行により己れの全てを尽しきって本当の自己を悟る以外にないのである」（『剣道講話―剣と道』より抜粋）

また『孟子』の尽心篇に「その心を尽くすものはその性を知る。その性を知れば、すなわち天を知る」という言説があります。天とは己れのことである。物欲あるいは憎悪といった人間の煩悩、邪心、その起こり来たる根源をたずねて、徹底的に極め尽くす。すると己れの本性が見えてくるというわけです。

〝尽くす〟そして〝尽くしきる〟――これが如何に剣道で大切なことかということを小川先生は説き、そしてそれは、剣道を人間形成の修行道という観点から見ても『孟子』の言説とピッタリと符合してくるわけです。

福本選手と島野選手の両者は、自分の持っている技を出して出して、出し尽くし、打ちきっています。しかも単なる技術上の技ではなく、自分というこの〝個〟の入った技だったと思います。この〝個〟の入った技、これが重要であり、それによって自己を充分に表現できるのです。両者共、自己の表現には満足のいった試合だったのではないでしょうか。何のこだわりもなく、また何らとらわれるところなく、思うがまま、臨機応変に、出し尽くしきっていたといえます。いわゆる「受け即打つ」の修錬を見せてくれました。

この〝出し尽くしきる〟があればこそ、〝次〟が必ず生まれてきます。これがなければ次は生まれてこない。例えば、もっと厳しい気起こしの技を求める、あるいは、三つの技を一つの技に締めていく、さらには相手の心が動くその端《はな》を知る、兆《きざ》しを知る等々……。

共に範士八段―。まだまだ先、まだまだ上があり、それは限りがありません。是非ともその限りのないところを二人には求めていってもらいたいと思います。

現代 名勝負10

平成元年●第35回全日本東西対抗（宇都宮）大会・副将戦

西軍●奥園國義 範士八段（大阪）

おくぞのくによし／大正14年生まれ。鹿児島県出身。宮之城農蚕学校卒業後、大阪府警察官を拝命。47年警察本部師範、53年近畿管区警察学校剣道教授、61年同校名誉教授。その間、全日本選手権、都道府県対抗、全日本東西対抗、国体などに出場。第13回明治村剣道大会優勝。現在、剣道範士九段。

×

東軍●井上義彦 範士八段（静岡）

いのうえよしひこ／昭和3年生まれ。兵庫県出身。神戸市立第一神港商業学校を卒業後、大阪拘置所法務事務官・看守、京都拘置所特別警備隊長を経て、静岡県警察術科指導監などを歴任。全日本選手権大会出場、全日本東西対抗10回出場、明治村剣道大会13回出場。現在、知恩剣修館道場主。

呼吸を乱さず、心も乱さず、まさに正気と正気が相対した試合に、場内は静まりかえった

両者は若い頃、一緒に稽古をしている。井上範士が大阪で修行を積んでいた時期のことで、年齢は三十歳代前半だったという。

この試合、奥園範士は六十三歳、井上範士は六十一歳。ほぼ三十年ぶりに剣を交えた。しかも初めての公式戦対決だった。

◉

約1分が経つ。間合は近い。しかし両者は未だジッと対峙している。

井上範士がツッと出るや、奥園範士がそこへ乗るような動きを見せる。井上範士が引く。わずかに出る奥園範士。次の瞬間、井上範士が小手、面、胴と一気に打っていった。

珍しく井上範士が先に初動を起こしました。それも一息で小手、面、胴と打って出ました。それに対し奥園範士はその瞬息の技にいささかも動じていません。手元が上がらず、しっかり肚が決まっていました。

この場面、打突が決まる決まらないという次元ではなかったと思います。両範士は共に調心、調息、調身が充分で、その互いのまとまりが一瞬に烈しく接し、無心に絡み合ったのです。そして井上範士が先に動いたのは、自然に発する〝先《せん》〟の気そのまま相手の兆《きざ》しに乗って出たという感じです。

鍔元が合う。すぐに井上範士が大きく退《すさ》って間合をとり、構え合う。かすかに剣先が触れる。

40秒、50秒……。間合が、少し、また少しと詰まっていく。場内は水を打ったような静けさだ。

両範士とも、美しい、力みのない自然な姿です。竹刀をはじく音もなく、足が出入りする動きもほと

東軍

んど見えません。

正気が丹田に集中し、肚のすわりが見てとれます。その肚と肚は、すなわち心と心が対峙しているのです。観見《かんけん》二つの目付《めつけ》という教えがありますが、二人共、肉眼で見る「見」の目ではなく、心で見る「観」の目を働かせ、相手の実相実体を見ているわけです。そして、肚で、心で見る「観」だからこそ、簡単には動けません。従って長い対峙となっています。

間合が触刃《しょくじん》から交刃《こうじん》となる。

奥園範士の左手は臍下の位置から少しも動かず、従って剣先は一瞬たりとも付けどころから外れることがありません。虎視眈眈として剣先は常に相手の打突部位に向かっています。剣先に目があるようです。ふらふら遊んでいません。左手が臍下にガッチリ納まって心が丹田に集中しているからです。対する井上範士は、相手の剣先に逆らうことなく、柔らかく合わせて表から支えるようにしています。それを見る限り、〝剛〟の奥園範士、〝柔〟の井上範士ということが言えそうですが、〝先〟の気は全くの五分です。それが以心伝心、互いの肚に伝わっているのです。

1分が過ぎて、なおも対峙が続く。やがて井上範士が剣先を下げながら、ほんのわずか体を沈める。〝先〟の気を剣と体に現わしました。

奥園範士は剣先が上がったが、すぐに元にもどす。そこへ井上範士が小手・面と出る。同時に奥園範士は押え小手にいく。

この場面、井上範士にとっては実に惜しまれるところだったように思います。心と体の一致、「観」

の目で相手の心を動かしました。そこを間髪入れずに小手・面といったわけですが、これが面の一本打ちだったら果たしてどうだったでしょう。発する気の全てを面の一打に集中して強く乗せ、捨てた打ちに出ていたならば、もしかしたら決まっていたかもしれない。そんな仮想を立てるに充分な、微妙な機会だったように思えるのです。

奥園範士もすぐさま手元を元にかえしていましたから、結果は分かりませんが、最初に出した小手が弱かったので、やむなく面に変化していったのでしょう。この辺に〝観の目は強く〟と教えられているものがあるのではないでしょうかね。最初に発した気を面に集中していたならば、決まっていたと思われます。

両者が共にスーッと退いて、間合をとる。静かな探り合いが続く。

奥園範士が攻勢をかけていっています。剣先に〝先〟の気が見え、その動きが締まってきたようにも感じられ、また切っ先が相手の喉元にビリビリと集中していくのが見えるようです。しかし心は〝静〟そのもので、気負うところが全くありません。実にいい攻めです。

井上範士は奥園範士の〝先〟の気にとらわれず、心を動かさずそのまま全身に受けています。自分の陣地での攻め合いとなっているのですが、とくに攻め返し、押し返そうといった動きは見せず、ひたすら心を動かすまいとしているのです。相手が相手だけに、攻め返しに出たら自分の心が動いてしまうと感じているのかもしれません。この辺に自分の心がどう動くかを、自らを試しているかのようにも取れます。

50秒を少し過ぎる。次の瞬間、奥園範士が面に跳ぶ。構えたそこから一足で、相手竹刀を押さえながらの面打ちだった。すかさず井上範士も切り落とし面に応ずる。そして両者の竹刀はそれぞれ右に流れた。

奥園範士の面は、起こりの見えない、思い切った一足一刀の打ちでした。一瞬決まるかと思えるほどの見事な面打ちだったと思います。肚を決めて決断した打ちというのは、気の全てが乗っているだけに強さと鋭さがあります。

井上範士は、間合が徐々に詰まってくるあたりから、相手の呼吸に自分の呼吸をいかに合わせるか、調和を求めながら、つまり合気になり、相手と一体となっていたのです。だからこそ、相手の面打ちに対して、咄嗟のうちに切り落とし面に応じることができたといえます。「来たら面で合わせるぞ!」という意識は、多少無意識の中にあったかもしれません。

交刃の間合で対峙している両者。時折、奥園範士が構えたそのまま体を伸び上げてみせる。そしてさらに間合が詰まっていく。

もはや、相手を動かすか、動かされるかというギリギリのところです。奥園範士の時折の背伸びは、相手とたけ比べでもするような上から覆いかぶせるという充実した気合が充分うかがわれます。しかし両者には争心の色は微塵も見えない。呼吸の乱れもなく、心は平らかに寛《ひろ》く静まっています。高段者の試合として、実に見応えがあります。

奥園範士がわずかに出る。動けば小手あるいは面に応じようとする井上範士。しかし奥園範士の剣先は動かない。井上範士は間を外された形だ。そしてそこから井上範士はさらに小手と出る。少しの間があって制限時間を告げる笛が鳴った。

井上範士の小手打ちは、小手が見えたから打ったというのではなく、攻め返しの懸かりの気そのままに出た気当たりの小手です。最近は、打ち切らないうちに受けに入る場面を多く見受けますが、井上範士のこの小手は打突後の剣先が利いていて、その位置から常に敵の出を封じています。いわゆる〝枕のおさえ〟ということです。こういうところにも、見応えがありました。

延長に入る。長い攻め合いの後、技とはならない打ち合いが二度あり、構え直す。そこからしばらくあって、奥園範士が井上範士の竹刀を大きく表から払い、さらにつけ込むように剣先を乗せて押さえながら出、面、面、面といく。引いて余す井上範士。二打目の面に対しては小手打ちで応ずる。

奥園範士は一度、二度、三度と井上範士の気を殺し、そして殺すや否やその剣に添ってひと息に面へ打ち込んでいきました。ここは一番の見どころでした。時間も押し迫って来て、勝負所と見たか、奥園範士は深く敵陣に入り、剣先を大きく押え、技を殺し、一気に面に乗りました。思わず井上範士は心で間をかすかに切る。奥園範士は間を切られながら続けざまに二の太刀の面に出ました。それを井上範士は小手で応じた。深い。さらに奥園範士は三の太刀を浴びせるも、これも外れた。その思いきりの打ち込み、普通なら一の太刀で間を切られれば二の太刀は迷うところですが、体と心と、そして気の一体となった攻撃はまことに見事でした。

また井上範士の対処も見事でした。剣と技を殺され、自分の陣地でわずかだが間を詰められた状態にいても、少しも呼吸の乱れがなく、もちろん心も乱れていません。いささかの慌ても、焦りも、迷いも見えないのは、「観」の目で近くを遠くに見、心のすわりがあったからでしょう。

その後、探り合いが約1分間続き、一合もないまま終了の笛が鳴る。正心と正心、正気と正気が相対し、「観」の目の働きとはまさしくこれかと思わせるような見事な試合でした。

呼吸を乱さず、心も乱さず、そして互いが相手を肚にのみ込み、肚で感じながら、「観」の目で断を下す試合だったと思います。

終始、〝先〟の気が烈しくふれ合い、火花が散っていました。心の底のこの二人の火花は、観客の誰しもに見えていたはずです。

この一戦に「観の目つよく、見の目よはく」の教えを改めて識《し》る

観見《かんけん》二つの目付《めつけ》の事―こういう教えが剣道にはありますが、両範士の試合を拝見して、この一戦はまさしくその「観」の目による正心と正心、正気と正気の試合だったと私は思いました。

「観」の目とは、心でみる目、肚でみる目です。また智恵をもってみる目(仏教のことばでいう「観智」)であり、しっかりした判断の伴う目ともいえます。物事あるいは対象の一切を観察し、その実相なり

実体、本質、本性を探って見抜く目というわけです。

一方、「見」の目は二つの眼でみる目であり、表面、表層をみる目です。

宮本武蔵は『五輪書』で「目の付けやうは、大きに広く付くる目也。観見二ツの事、観の目つよく、見の目よはく、遠き所を近く見、ちかき所を遠く見る事、兵法の専也。敵の太刀をしり、聊《いささ》かも敵の太刀を見ずと云事、兵法の大事也。工夫有るべし」と説き、註には「見と云うは目許にて見る事也、観と云うは心にて観る観智の事也。精神を腹に治めて強く成る気を発して見るもの也」とあります。

意は「大きく広い目くばりが大切である。観見のうち、心でみる観の目は気を発して強くし、反対に見の目は弱くてもかまわない。そして遠く離れたところは見違いもあるから心の近くにひきつけ、観の目に照らして的確にとらえる。近いところは、その動きに惑わされないように遠くに離して観の智恵によって実体を見る。このように遠き近きを観の目でよく見て大局を正しくつかむことが大事である。敵の太刀を知り、表面的な太刀の動きに心を動かさないこと、これが兵法の眼目である」ということです。

小川忠太郎先生は「騙《だま》される目をもってはいけない。騙されないためには臍の下に目を置くことが大事である」と教えられました。

臍下は、すなわち肚、人間の心魂の存するところです。その心魂に目を置き、心魂で一切を観なければいけないと教えるのです。臍眼《せい》といい、心眼というのがよく理解できます。他に天眼という言葉もありますが、これは真理を見透す目という意味でしょうか。

千葉周作は剣の至妙を「夫《それ》剣《けん》者《は》瞬息《しゅんそく》心気力一致」と喝破しました。そしてその「心」について、同流（北辰一刀流）十二箇条では「目心」という表現を使い、「目で見るな、心で見よ。目で見るところには迷いが生じ、心で見るところに迷いは生じない。目は目付けの役にだけ立て、心の目で見ることが肝要である」と強く戒めています。推して考えると、「瞬息」にも、単に「一瞬一息の微妙な機」という以外の深い教えがありそうです。それは何か。私は、武蔵の説く「観の目つよく」に通じているような気がしてなりません。

また、私の愛読書の一つ『天台小止観―体と心の調節法』（鎌田茂雄著、大法輪閣）では「止《し》」と「観」について次のように述べられています。

「止とは外界の現象や乱れた思いに心を動かされることなく、心を臍下丹田に集中して雑念、煩悩、迷いを断ち切り、（禅）定に入って心を高めること。観とは正しい智慧のことで、その智慧から発する思考力、観察力により諸法、真相を観智する目である」

そして同じ章の随所の文章には「観の目とは、相手を正しくとらえ、人間の本性を見透すことである。常日頃より心を丹田に集中する稽古を続けていれば自ずと丹田より気が発するようになり、その気によって相手の全体をつかむことが出来る」とあり、「従って丹田より発する気を強く養う必要がある」と説いています。これは武蔵のいう「観の目つよく」と全く同じです。

武蔵の教え、小川先生のお言葉、周作直筆の書、『天台小止観』の説くところ、それは剣道の深奥に通ずるところであり、個においては人間形成の高みを望む土台であると私は思います。

臍下、肚、心、ここを意識すること、やはりこれに尽きるといえるでしょう。

「見」の目を駆使しても、それは迷いとか雑念を生みます。迷い、雑念はすなわち〝心火〟、剣道では驚・懼・疑・惑です。それらを肚に降ろして収める。気を下に沈めるわけです。沈めて、練って正念とし、自分の本性をつくり、確信する。つまり〝心火〟の消沈であり、「止」です。「止」を経て正心となります。そしてその正心で相手の一切を見る。すると実相が見えてきます。これが「観」の目です。智恵が働き、瞬時に判断が下されます。だからこそ、その時に発せられる気は最大限の強さがなければならないわけです。

「観見」についての説明が少し長くなりました。それは、両範士の試合がまさしく「観」の目による烈しく厳しい戦いであり、その意味からどうしても「観」の目についての出来る限りの解説をしておきたかったのです。

表面的には静かな対峙であり、打ち合ったのは二度、三度しかありません。しかし実際は、開始から終了まで厳しいせめぎ合いが続いていました。心と心、肚と肚がビリビリと触れ合い、互いに相手の本心を探り、本体を識ればこそ動けず、しかしさらに正心で攻め攻められて、どちらが崩れ崩されるか、そこに勝負を見いだそうとしていました。

両者は寂静《じゃくじょう》の中にあり、争いの心、争心は見えず、不二一体の心境であったといえます。互いに相手の観の目が自分に届いていることを認めていたのです。そしてそれらが風格、位として現われていました。特に二人の試合が終ったあとの蹲踞、実に奥ゆかしく、美しく、礼にかなっていたあの姿を知る人は見たことと思います。

両者の間に争心は微塵もなく、しかし肚はぎりぎりのところで接していました。そこに真の〝交剣知愛〟の原点があり、相手に対する〝敬〟の念が生まれてくるのではないか。我々が求める剣道の本質は、そこにあると感じています。まさに互いに絞り切った肚と肚、魂と魂を確信した一戦だったと思います。攻め合い、出るか我慢か、体と心の調和……、観る者をして緊張の極限までひきつけたといっても過言ではありません。少なくとも私の肚には大きく響きました。

私自身、観の目ということを強く意識して、そんな試合を希求していますが、客観的視点から、両範士の試合を見て、改めて教えられたような気がします。

観の目の修行、止観の修行は、生涯の修行であり、大事なことは三昧に入ることと斯道の諸先輩は教えています。しかし三昧の心境は、なれそうでなれ得ない難しいところです。

その難しいがゆえにこそ追求すべきものであり、また面白いものなのかもしれません。

観の目……つくづくその大切さを感じます。一生涯の処世の中、どうにも対処の術が見つからない不測の事態が起きないとも限りません。そのような場合、肚がすわるか、浮くか、浮けば破滅への坂道に立たされます。そんな時のためにも、強い観の目を養うことは必要なのです。

剣道で、生もなく死もない不生不滅の心境、彼と我、その本性すなわち心が、肚が一大事に際して動くか動かぬかを試す。これが真の試合ではなかろうかと私は思います。

強い弱い、勝負に勝った負けたというような相対を求めて一生を棒に振っては、あまりにもったいない。奥園範士と井上範士の試合は、あたかもそのことを教え諭すような立派な試合でした。最近では、名勝負の最たるはこの一戦に尽きるのではないでしょうか。

第八章　追悼　楢﨑正彦範士逝く

本誌では、平成11年6月号から平成12年3月号まで、楢崎範士の解説による「名勝負」を連載した。取材とまとめは石井孝春氏だった。3月号の取材は1月の終わりと記憶している。そしてその約2ヵ月後、範士が入院。一度退院をしたものの5月に再度入院され、懸命の手当ての甲斐なく逝去された。範士の死を石井氏に知らせると「えっ……」と言って、電話口はしばらく無言が続いた。それから「そうか……」と口を開き、取材の折の範士とのいろいろなやりとりを話してくださった。石井氏は、毎月一回、範士のご自宅に伺って取材をされていたのだが、改めて範士とのやりとりを聞くにつけ、範士の優しいお人柄が偲ばれる。

約一年間と短いが範士の最晩年に接し、ある時は酒を酌み交わした石井氏に、範士にまつわるエピソードのいくつかを寄稿していただいた。

あの嗄れ声がもう聞けない……

石井孝春

「オーライ、オーライ、オーライ！」

通りに出て車の往来を見ていた先生が声をかけ、手を上げて合図する。バックで車を出し、ハンドルを切り直す。先生が歩み寄ってくる。

「先生、長い時間ありがとうございました」

「おお、気をつけて行けよ」

先生の奥さまが通りの向こうで、笑顔で会釈を返してくださる。

取材を終えた後、私たちはいつもこんなふうにしてお二人に見送っていただいた。

それにしても、先生の嗄《しゃが》れ声は、声が大きいだけに印象的だ。話す言葉をそのまま文字に書き写すとしたら、すべてに「゛」と濁点をつけなければいけないぐらいだ。「オーライ、オーライ」という英語さえ濁点をつける必要がある……。

こんなことを言ったら、先生は怒るだろうか。いや、きっと「おお、その通りだ。うまいことを言う」と大笑いされるに違いない。

1回目の取材のときだった。先生が私に向かってこうおっしゃる。

「きみは、タバコは吸わんか?」

「いえ、吸いますけど取材のときは控えています」

「吸ってもかまわんよ、灰皿もここに置いてあるんだから」

「でも……」

「遠慮するな。わしも今は家内がちとうるさいから吸わないようにはしているが、内緒でときどき吸っているんだ。むかしはバカバカ吸っていたものだよ」

私はためらっていた。すると先生が、

「どれ、わしに一本くれ」

と。私はショルダーバックからタバコとライターをとり出し、先生の前へ差し出した。

「マイルドセブン・スーパーライト? タール6㎎、ニコチン0.6㎎か、これは相当かるいな」

そう言って口にくわえ、火を点ける。しかしなかなか点かない。ライターは百円ライターだ。

「おい、このライター、ガスがないんじゃないか?」

そんなはずはない。半透明のライターで、見た目にもガス液が半分以上入っているのがわかる。

また先生が点けようとする。シュッと音がして、ポッと炎が出る。そしてすぐ消えてしまう。

私は笑いがこみ上げてきた。

「先生、ちょっと貸してください」

ライターを受けとって、火を点けてさし上げる。先生が怪訝な表情でライターを見ている。

「先生は、親指でこすってすぐに離してしまうから点かないんです。こうやって、こう押していなければダメなんです」

「おお、そうか」

同行して同席していた編集部のみんなも、思わず大笑いしてしまった。

帰りの車の中で張替氏（本誌編集長）が言うには、

「そういえば、先生はマッチ党だった」とのことだ。

いつだったか忘れてしまったが、

「今日は、わしの行きつけの焼き鳥屋で一杯やろう」

ということになった。私と張替氏、そして、その日は小林氏（本誌編集部員）も一緒だった。

「もう5時か、そろそろ行かないと座れなくなる。さあ、行こうか！」

先生のお宅から店までは車で5分。店はカウンター席だけで、椅子が40ぐらいあるだろうか。しかしその半分はもう埋まっていて、それから20分ほどで満席となった。なるほど先生のおっしゃっていた通りの混みようだ。

「ここは刺し身が旨いんだ」

「刺し身ですか?」

私は先生のお顔をのぞきながらそう言った。

「鳥のレバ刺しだよ。旨いぞ」

生ビールと小林氏用のウーロン茶、そして刺し身が4つ運ばれてくる。刺し身は先生がすすめるだけに絶品の味だった。

飲むほどに話ははずみ、話題も剣道のことから現代の教育問題、そして環境問題にまで及んだ。先生は雄弁だった。

私は先生の右隣りに座っていたのだが、先生は話が一段落するごとに
「なっ、そういうことだ!」

と言って私の背中を平手で叩く。バシッ、と音こそしないが、まさにそんな感じだ。それもそのはずで、先生の手は骨太の上に特別に大きい。

左隣りに座った張替氏も同じように叩かれている。その張替氏が、先生の背中越しに私に言う。

「先生は機嫌が良いとこれが出るんです」

そうだろうと思った。

実に心地好い平手打ちの衝撃だった。

その日は全員で銭湯に行った。先生と私と張替氏と小林氏だ。

銭湯といっても、普通の銭湯ではない。サウナ風呂もあれば、ジャクジー風呂、超音波風呂、そして露天風呂などもある、いま流行《はや》りの健康ランド形式の銭湯だ。数ヵ月前にオープンしたのだという。

「垢こすりもあって、これは気持ちいいぞ。どうだ？ やってもらおうか？」

先生にそう誘われて、いえ結構ですとは言いにくい。4人全員が垢こすりを申し込む。2人ずつということで、初めに先生と私が専用の部屋に入る。腰ぐらいの高さのベッドに横になり、（こう呼ぶのかは知らないが）マッサージ師にそれこそごしごしとこすってもらう。ポロポロと垢が落ちるのが分かる。

「どうだい、垢が落ちてるか」

隣りのベッドから先生が声をかけてくる。

「ええ、いっぱい落ちています」

「わしもそうだ。垢がいっぱい出るということは、身体が若いということの証しで、いいことなんだぞ」

「はい、そうですよね」

たっぷり20分ぐらいこすってもらって、次の張替、小林の両氏と交替する。先生と私は普通の大風呂で身体を温めてから露天風呂に向かう。そのまま先生は木製のベンチに仰向けになって寝そべる。私は湯滝に少し打たれてから、先生の隣りのベンチに行き、同じように横になる。

私が寝そべったのを知って、先生が話し出す。

「日が落ちる前の空は、青が深いね。じっと見ていると吸い込まれていくようだ。地球を超えて、宇宙を感ずる。この深い青の宇宙を体内にとり込む。つまり大気をとり込むことだ。それが身体の小宇宙を大宇宙に変える。剣道修行の最後はそこに行きつくことかもしれないな」

また、こうも話す。

「雲の流れが早いな。どうだ、よく分かるだろう」

「たしかにそうですね、普通に立って見るのとは違いますね」

「そうだろう。これが行雲流水の教えでいう行雲だ。とらわれず、すみやかに流れていく」

「はい」

そして、しばらく無言となる。私はちょっと寒さを感じていたが、我慢して一緒に空を見上げていた。

最終回の取材が終ったときのことだった。「今度、季節が良くなったら大菩薩峠に行こうか。あの中里介山の小説に出てくるところだ。いいところらしいぞ」

先生がこうおっしゃる。

「いいですね、是非とも実現しましょう」

私と張替氏が口を揃えて言う。

「わしもな、踵を痛めてから京都大会に出れないでいるが、もうだいぶ良くなってきた。このぶんだと、今年の京都大会には出れると思うし、大菩薩峠にも登れるだろう。大菩薩への登山というのは、塩山《えんざん》からのコースが普通らしいが、東京側からは登ることができるのかな」

山登りは私が詳しいと察したのか、私のほうを向いて先生がこう聞いてくる。

「つい最近、行ってきたばかりなんですが、ちょうど中里介山の文学碑のあるあたりで別のルートを登ってきたグループと会いました。それが東京側からきた人だったんです。いろいろ聞いたら、結構きつい登りが続くということでした。まあ、先生のお年も考えれば、やはり塩山から車で上日川峠まで行き、そこから林道を登っていくのが良いと思います」

「そうか、やはりそのコースだな」

「峠から大菩薩嶺へ向かう稜線歩きは草原を歩くようで気持ちいいですよ。左手には南アルプスから富士山も望めますし……」

「それはいいね」と先生が言い、

「そのときは編集部のみんなも行けるようにしますよ」

と張替氏が同調する。これで決まった。さて、時季はいつがいいだろうか。レンゲツツジがきれいな6月は天候が不順だ。やはり7月に入ってからだろう。

しかし……京都大会で立合をすることなく、また大菩薩峠に登ることなく、先生は逝ってしまわれた。

あの嗄れ声も、もう聞くことができない。

合掌

イラスト／高瀬真侖

楢崎正彦範士年譜

年月日（西暦）	年齢	事項
大正11年7月1日（一九二二）	1	佐賀県唐津市にて父楢崎金次郎、母スガの七人兄姉の末子（四男）として生まれる
昭和		父金次郎の勧めもあり小学6年生の時に剣道を始める
昭和		県立唐津商業学校（現唐津商業高校）入学。剣道部に入る
昭和14年3月（一九三九）	18	同校卒業後、家族がいる満洲へ渡る
昭和16年4月（一九四一）	20	国士舘専門学校（現国士舘大学）に入学。斎村五郎、小野十生、小川忠太郎、小城満睦、岡野亦一、堀口清各先生の教えを受ける。一年先輩に森島健男範士
昭和18年12月（一九四三）	22	学徒動員のため国士舘専門学校を繰り上げ卒業し、長崎県大村連隊に入隊
昭和20年8月15日（一九四五）	24	終戦
昭和32年7月（一九五七）	36	衆議院事務局警務部奉職。衆参議院衛視の剣道指導にあたる
昭和34年（一九五九）	38	株式会社伊田組（現伊田テクノス）入社
昭和34年（一九五九）	38	埼玉県剣道連盟理事・常任理事
昭和43年（一九六八）	47	埼玉県剣道連盟審議員
昭和47年5月8日（一九七二）	51	全日本剣道連盟会長より剣道八段を允許される
昭和52年3月22日（一九七七）	56	第一回明治村剣道大会優勝
昭和55年5月8日（一九八〇）	59	全日本剣道連盟会長より剣道範士の称号を授与さる
昭和57年（一九八二）	61	埼玉県剣道連盟審議委員長

昭和59年11月3日（一九八四）	63	第32回全日本剣道選手権大会で日本剣道形を演武（打太刀・市川彦太郎範士／仕太刀・楢﨑正彦範士）
昭和60年（一九八五）	64	流通経済大学剣道師範
昭和60年7月（一九八五）	64	伊田組副社長
昭和60年9月22日（一九八五）	64	第31回全日本東西対抗剣道（埼玉）大会で東軍大将をつとめる
昭和60年10月23日（一九八五）	64	第40回国民体育大会（鳥取）剣道競技で埼玉県監督をつとめ5度目の優勝に導く
昭和61年（一九八六）	65	埼玉県剣道連盟副会長
昭和61年11月3日（一九八六）	65	第34回全日本剣道選手権大会審判長。日本剣道形を演武（打太刀・楢﨑正彦範士／仕太刀・詫間貞文範士）
昭和63年（一九八八）	67	伊田組常勤相談役
平成元年（一九八九）	68	全日本剣道連盟評議員
平成3年5月3日（一九九一）	70	第39回京都大会で日本剣道形を演武（打太刀・羽田野博範士／仕太刀・楢﨑正彦範士）
平成3年（一九九一）	70	全日本剣道連盟常任理事
平成5年（一九九三）	72	伊田組相談役
平成6年（一九九四）	73	伊田組退職
平成6年9月25日（一九九四）	73	第40回日本東西対抗剣道（山口）大会で東軍監督をつとめる
平成7年5月8日（一九九五）	74	全日本剣道連盟会長より剣道九段を允許さる
平成9年5月（一九九七）	76	埼玉県剣道連盟会長
平成12年9月2日（二〇〇〇）	79	間質性肺炎にて逝去

（※年齢は数え年）

楢崎正彦先生　遺作

真夏日の空燦々と爽やかに
その奥の又その奥の尚その奥に
我が生命《せいめい》の故郷《ふるさと》あり
正剣を求めて生命《いのち》の泉に
我が士魂は今ひた走りゆく

あとがき

私が楢﨑正彦先生と初めてお会いしたのは、たしか小学校二年生のときだったと思います。父が館長の松山尚武館（現・明徳館）師範としてお見えになりました。それ以来、公私ともに四十年に亘っていろいろと教えていただきました。

第一章にあるように戦後、極限な状況に立たされた道を強いられました。そのときの精神修養が「楢﨑の面」を生んだと言われていますが、それがすべてではありません。生来先生の心境は、斎村五郎先生が好んだ言葉である禅語「露堂々」のようなものでした。そうした苦難の道を歩んだ経験がさらに心境を高めたのだと思います。先生の短歌も掲載されている『巣鴨』という題名の短歌集を読ませていただいたことがあります。すべての作者は自分のことより親、妻、子供という家族のことを心配する歌ばかりで、悲しみで胸が詰まる思いにさせられました。

楢﨑先生は仕事でも剣道でも目的へ向かって一途に邁進されました。細かいことなど気にされませんでしたが、といっても我を通したというわけでもなく、周りの方々に配慮しながらです。もう話してもいいことだと思いますので、こんなことがありました。第一回明治村剣道大会に選ばれ、名誉ある大会に出場できる喜びと誇りを胸に一段と稽古に励む日々を過ごしていたある日、不測の事態が起きました。右手だったと思いますが、怪我をされた。竹刀が握れずしばらく稽古を休まざる得なくなり、出場すべきかどうか相当悩まれたようでした。そして悩んだ末、大会一か月前に出した結論は「相手は技で勝負してくるから、私は心で勝負する」という覚悟で出場を決意されました。

楢﨑先生がお亡くなりになられて22年経ちました。このたび先生の人生観、剣道観の集大成ともいえる本が出版されることは喜びに堪えません。剣道を学ぶ人たちに有意義なものになることを願ってやみません。

令和四年十一月三日

伊田テクノス株式会社　代表取締役会長
青少年研修道場明徳館　館長
伊田　登喜三郎

本書を謹んで楢崎正彦範士のご霊前に捧げます。

本書の収録作品は次のとおり。初出一覧

◆月刊剣道時代誌

第一章　「楢崎の面」昭和61年3月号～6月号

第三章　第34回京都大会戦い終えて……「二分三十秒の偉大なるドラマ」
岡田茂正対楢崎正彦範士対談　昭和61年7・8月号

第四章　「突きの心理　ＰＡＲＴⅡ」昭和63年1月号

第五章　早春特別インタビュー「年来稽古条々」平成8年4月号

第七章　「誌上再現　現代名勝負」平成11年6月号～平成12年3月号

第八章　「追悼楢崎正彦範士逝く」平成12年10月号

◆資料提供協力

第二章　追悼楢崎正彦先生　邑心第25号（邑心文庫刊）　編集人・関根茂世氏

第六章　武蔵会に於ける楢崎正彦先生の言語録　水野仁範士

気で攻め切る技で打ち切る
面《めん》 剣道《けんどう》範士《はんし》九《く》段《だん》楢﨑《ならざき》正彦《まさひこ》

令和５年２月11日　初版第１刷発行
令和６年２月11日　初版第２刷発行

編　者　剣道時代編集部
発行人　手塚栄司
発行所　株式会社体育とスポーツ出版社
135-0016　東京都江東区東陽2-2-20　3F
ＴＥＬ　03-6660-3131
ＦＡＸ　03-6660-3132
Eメール　eigyobu-taiiku-sports@thinkgroup.co.jp
http://www.taiiku-sports.co.jp
撮　影　徳江正之
デザイン　株式会社エールデザインスタジオ
印刷所　株式会社東邦

定価はカバーに表示してあります。落丁本・乱丁本はご面倒ですが小社営業部宛までお送りください。送料小社負担にてお取り替えいたします。

ISBN978-4-88458-439-9 C3075 Printed in Japan

楢崎正彦範士のバイブルの一冊だった『剣道講話』
（体育とスポーツ出版社）

剣禅悟達の小川範士が説く珠玉の講話集

剣道講話（新装版）

小川忠太郎

定価4、950円

私が初めて小川忠太郎先生の世田谷のご自宅を訪問したのは昭和六十二年七月のある暑い日であった。当時、剣道は、理念にうたわれている「人間形成の道」という観念が薄れ、勝負本位の当てっこ剣道が横行していた。このままいったら剣道は違ったものになってしまう。何とかこうした風潮をくい止めることはできないものか。それには『剣道時代』の誌上で、しっかりした理論に裏打ちされた記事を掲載し、警鐘をならす以外にない。そう考えたとき、真っ先に浮かんだのが剣道界の最高権威で剣禅悟達の小川先生であった。そこで早速、先生に趣旨をお話し協力をお願いすると、剣道界のためになることなら喜んでお手伝いしましょうとの有難いご返事をいただいたのである。（あとがきより）

【収録内容】

第一部　剣道講話

剣道の理念について　剣道と人間形成　剣道とは何か　剣の理法とは　二十一世紀の剣道　師をえらぶ　捨身　直心是道場　守破離　心に残る名勝負　日常生活と剣道　剣道家と健康　剣道と呼吸　剣道と足　山岡鉄舟の剣と禅　わが座右の書　證道歌　猫の妙術

第二部　不動智神妙録

不動智に学ぶもの　理と事の修行　理事一致　間髪を容れず　心の置き所　本心、妄心　有心、無心　正念相続　応無所住而生其心　電光影裏春風を斬る　覓放心、心要放　前後際断「私」を去る

第三部　剣と道

天地自然の道　浩然の気　正心、邪心　尽心知性　明徳　天命・性・道　克己復礼　発憤